教育部人文社会科学重点研究基地

重庆工商大学长江上游经济研究中心出版基金资助

国际收支

理论与政策

〔美〕宋小川 著

商务印书馆
The Commercial Press

图书在版编目(CIP)数据

国际收支：理论与政策 /（美）宋小川著. —北京：
商务印书馆，2020

ISBN 978 - 7 - 100 - 19117 - 3

I.①国… II.①宋…　III.①国际收支　IV.①F810.4

中国版本图书馆CIP数据核字（2020）第195347号

国际收支

理论与政策

〔美〕宋小川　著

商 务 印 书 馆 出 版
（北京王府井大街 36 号　邮政编码 100710）
商 务 印 书 馆 发 行
北 京 冠 中 印 刷 厂 印 刷
ISBN 978 - 7 - 100 - 19117 - 3

2020 年 12 月第 1 版　　　　开本 850×1168　1/32
2020 年 12 月北京第 1 次印刷　　印张 5¼

定价：36.00 元

序　言

国际收支理论最早可以追溯到西欧封建社会晚期重商主义的国际收支理论，尔后经历了古典学派的金币-价格流动机制，新古典学派的相对价格机制，凯恩斯主义的收入、吸收分析和政策配合理论，货币学派的国际收支理论和当代全球经济失衡理论一系列的演变。各种理论都是适应不同的社会历史条件和政策需要产生的，他们分别从不同的角度探讨国际收支问题，为各国政府调节国际收支，协调内外经济政策提供理论依据和政策建议。

传统的宏观经济政策目标包括四项：充分就业、物价稳定、经济可持续增长和国际收支均衡。所谓内部均衡是指无通货膨胀压力条件下的经济稳定增长与较低的失业率并存；所谓外部均衡是指国际收支无大的逆差或顺差。同时实现内部均衡和外部均衡无疑是各国政府政策制定者追逐的目标。然而，西方国家这些经济政策目标之间存在着各种矛盾和冲突，为实现某一政策目标，常常不得不放弃其他某个或几个政策目标，各国政策制定者常常陷入顾此失彼、进退两难的困境。不仅充分就业和物价稳定目标之间存在着矛盾，二者还常常与经济增长目标不协调，他们还与国际收支均衡目标不断地发生冲突。国际收支理论虽然着眼国际收支均衡，也要考虑到国内均衡，探讨如何在维持国内均衡的前提下实现外部均衡，是几百年来众多国际经济学家孜孜以求的。

2008年爆发的全球金融危机，近年来中美、欧美之间戏剧性的贸易摩擦和冲突，深刻地反映了主要经济体的内外经济失衡，如何日积月累最终演变成全球经济失衡。21世纪信息技术革命和全球化，特别是世界经济、政治和军事格局的急剧变化和动荡，各种突发性世界性灾难的可能性，使得国际资本移动与国际贸易、汇率、利率、房地产泡沫和各种金融衍生品的关系日益错综复杂、扑朔迷离①。他们不仅影响着主要经济体的政策走向，还直接影响各国之间的经济、政治、军事和外交关系。从国际收支理论和政策演变的角度厘清这些变量之间错综复杂的关系，具有重要的理论意义和现实意义。本书按历史年代的顺序对各种国际收支理论的产生、基本内容、发展和演变作一系统的介绍和分析，力求从历史和逻辑的统一上把握各种理论的来龙去脉。

本书得到了重庆工商大学长江上游经济研究中心出版基金的资助，在此表示感谢。

---

① Farhi and Gabaix(2016) 的研究显示，罕见的、极端性世界性灾难的可能性是汇率、利率、期权和股票市场过度波动的重要决定因素。

目 录

第一章　早期国际收支理论 /001

第一节　重商主义国际收支理论 /001

（一）重商主义理论的产生 /001

（二）重商主义国际收支理论的主要内容 /002

（三）重商主义学说的历史地位 /004

第二节　古典学派国际收支理论——金币-价格流动机制 /006

（一）古典学派国际收支理论的提出 /006

（二）古典机制的主要内容 /008

（三）古典机制的历史局限性 /013

第二章　新古典学派国际收支理论——相对价格调节机制 /015

第一节　弹性分析的基本内容 /017

（一）汇率变动对贸易收支的影响 /017

（二）汇率变动对贸易条件的影响 /029

第二节　弹性分析的演变 /037

（一）弹性分析的理论演变 /038

（二）弹性悲观论与弹性乐观论的论战 /045

第三节　弹性分析的理论缺陷和实践意义 /055

（一）理论缺陷 /055

（二）长期流行的原因及其实践意义 /059

第三章　凯恩斯主义国际收支理论——收入调节机制　/062

第一节　外贸乘数理论——总收入分析　/063

（一）封闭经济的收入决定与投资乘数　/064

（二）开放经济的收入决定与外贸乘数　/065

（三）具有国外反响效果的外贸乘数　/067

（四）收入分析的局限与政策含义　/069

第二节　吸收分析——总支出分析　/073

（一）基本方程式　/075

（二）贬值对收入的影响　/077

（三）贬值对吸收的直接影响　/078

（四）吸收理论与弹性理论的比较和综合　/082

（五）吸收分析简评　/086

第四章　凯恩斯主义国际收支理论——政策调节理论　/089

第一节　对内对外的同时均衡——政策配合理论　/089

（一）米德的两大平衡冲突及其政策配合理论　/090

（二）"丁伯根法则"与"有效市场分类原则"　/096

（三）蒙代尔的政策配合理论　/098

（四）政策配合理论简评　/104

第二节　对内对外的同时均衡——*IS-LM-EE* 分析　/107

（一）对内均衡——*IS-LM* 曲线　/108

（二）对外均衡——*EE* 曲线　/114

（三）对内对外的同时均衡——*IS-LM-EE* 曲线　/117

第三节　政策调节理论简评　/121

第五章　货币主义国际收支理论　/125

第一节　基本命题　/126

第二节　固定汇率制度下货币学派的国际收支理论　/127

（一）国际收支失衡的原因　/127

（二）国际收支失衡的自动矫正过程　/131

（三）两个革命性推断　/134

第三节　对浮动汇率和世界性通货膨胀的解释　/136

第四节　资产平衡分析　/138

（一）证券组合分析　/138

（二）汇率动态学——"汇率过度调整模型"　/140

第五节　货币分析的历史意义与局限性　/142

第六章　从内外失衡到全球失衡——全球视角分析　/146

第一节　中美经济失衡的生成与运作机理　/147

第二节　中美经济失衡的困境与出路　/154

（一）逆差国——美国的困境与出路　/154

（二）顺差国——中国的对策和出路　/159

第三节　国际收支全球视角分析的现实意义　/162

第七章　结语　/164

主要参考文献　/166

第一章　早期国际收支理论

第一节　重商主义国际收支理论

（一）重商主义理论的产生

国际收支理论是在一定社会历史条件下产生的。古代社会生产力水平极其低下，部落之间的交易只是"简单、偶然"发生的，并且采取以物易物的形式，因而根本谈不上什么国与国之间的经济往来。随着生产力的发展，第一次社会大分工的出现，交换逐渐成为一种经常的现象，但国与国之间的经济往来却很有限，因而在古希腊、罗马天才的经济思想中未能发现国际收支概念。随着社会生产力的进一步发展，特别是第二次社会大分工和商品生产的出现，国与国之间的交往开始活跃起来。十字军东征加强了东西方间的贸易联系，在欧洲形成了以地中海地区和北海、波罗的海地区为中心的两大贸易区，这就为人们研究国与国之间的贸易收支问题提供了可能。但是，中世纪毕竟是以自给自足的自然经济为特征的，为了维护僧侣和世袭封建主的利益，占统治地位的教会学者是谴责商业和商业利润的，因而，从卷帙浩繁的经院哲学著作中，我们也未能发现国际收支思想的萌芽。只是到了封建社会晚期，随着地理大发现和一系列新航路的开辟，世界市场的扩大，对外贸易迅速发展起来。在资本原始积累过程中，商业资本家和封建国王为了通过对外贸易积聚货币资本结成了联盟，采取了一系列重商主义的政策和措施。为了从理论上阐述这些政策和措施，重商主义的思想家才率先在经济学说史上提出了国际收支理论。

（二）重商主义国际收支理论的主要内容

从严格意义上讲，重商主义者并未提出完整的国际收支理论，他们论述的实际上只是贸易收支问题，并且是以为"限入奖出"的贸易政策进行辩护的形式展开的。这是由当时国际经济交往的内容和范围以及他们的阶级利益决定的。但是，他们毕竟首次提出了贸易收支概念（balance of trade），在此以后相当长的时期内，经济学说史上一直通用这一概念。

重商主义的财富观是其贸易收支理论的出发点。他们把金银即货币视为财富的唯一形态，把攫取金银作为一切经济活动的最终目的，这反映了资本原始积累时期新兴资产阶级对货币资本的贪婪欲望。从这一基本财富观出发，重商主义认为，除了开采金银矿产外，对外贸易是增加一国财富的真正源泉。他们认为，国内商业贸易是无法增加财富的，因为甲之所得正是乙之所失，整个国家的财富总额不会有任何增加，只有通过对外贸易，才能增加货币财富。因此，一国致富的根本在于发展对外贸易，并且必须遵守多卖少买或不买的原则，使一国贸易收支始终处于出超的状态。"所以，对外贸易是增加我们的财富和现金的通常手段，在这一点上，我们必须时时谨守这一原则：在价值上，每年卖给外国人的货物，必须比我们消费他们的要多"（孟，1983，P.4）。为此，国家应干预对外贸易，以确保金银源源不断地流入国内。这是重商主义国际收支论的基本观点。

重商主义在其发展过程中经历了两个阶段，早期重商主义和晚期重商主义。无论早期和晚期重商主义，在把货币看成是财富的唯一形态，金银的多少看成是国家富裕程度的标志方面观点都是一致的，只是在增加货币财富的手段和策略上有所区别。早期重商主义主张在对外贸易中应实行多卖少买甚至不买的原则。他们用守财奴的眼光来看待货币，认为一切进口都使财富减少，一切出口都使财富增加，因此在对外贸易中最好是只出口不进口。为此，他们积极怂恿政府颁布各种严厉的法令，禁止输出金银，千方百计地吸收国外货币。这种对金银狂热追求的理论和政策主张，又被称为货币差额论和重金主义。

与早期重商主义不同，晚期重商主义虽然也主张在对外贸易中多卖少买，但认为为了扩大出口，适当的进口也是必要的。他们已经开始用资本家的眼光看待货币，懂得将货币贮藏起来是愚蠢的，应当将其投入流通产生更多的货币。晚期重商主义最杰出的代表托马斯·孟曾举过一个农夫播种的生动例子："我们倘使只看到农夫在下种时候的行为，只看到他将许多很好的谷粒抛在地上，我们就会说他是一个疯子而不是一个农夫了。但是当我们按照他的收获，也就是他的努力的最终结果来估值他的劳动的时候，我们就会知道他的行动的价值及其丰富的收获了"（孟，1983，P. 19）。于是，他提出一句名言："货币产生贸易，贸易增多货币。"早期重商主义主张对每一个国家的贸易甚至每一笔贸易都要顺差，而晚期重商主义则认为，只要对外贸易总额保持顺差，即输入货币总额大于输出货币总额就可以增进一国的财富。晚期重商主义积极主张国家实行关税保护政策，鼓励和扩大出口商品的生产，保护国内工场手工业的发展，即限入奖出，因此又被称为"贸易差额论"，或重工主义。

晚期重商主义在国际收支调节理论方面比早期重商主义前进了一大步。早期重商主义为积聚货币财富一味地追求扩大出口，限制进口，从对贸易收支进行调节的意义上讲，其政策主张是单向的、机械的，或者说根本谈不上什么有意义的"调节"。晚期重商主义不仅明确提出了贸易收支概念，还真正从调节的意义上提出了灵活的政策和措施，即通过必要的进口来扩大出口，以保持贸易收支总额的顺差，这就为国际收支理论的进一步发展开辟了道路。

（三）重商主义学说的历史地位

重商主义的贸易收支理论只限于对贸易收支顺差的好处，以及实现顺差的调节手段和政策方面的探讨，囿于他们的财富观，其理论还未能上升到贸易收支平衡的高度。其实，过多的贸易收支顺差对一国经济发展也是不利的，并且就整个世界贸易而言，不可能每个国家都实现贸易收支总额顺差，这种

调节手段和政策必定会限制世界贸易的扩大和发展。这一点连
重商主义的思想家也有所察觉:"凡是我们将在本国加之于外
人身上的,也会立即在他国国内制成法令而加之于我们身上
的……因此首先我们就将丧失我们现在所享有的可以将现金带
回本国的自由和便利,并且因此我们还要失掉我们输往各地许
多货物的销路,而我们的贸易与我们的金银将一块消失"
(孟,1983,P.33)。由于历史条件的限制,重商主义也没有
探讨无形贸易和国际资本流动,即没有探讨整个国际收支
问题。

　　重商主义的财富观表明他们不了解货币的起源和本质,因
而不懂得财富的真正源泉。但是他们从扩大财富源泉的角度出
发探讨贸易收支问题,率先在学说史上开展了对国际收支理论
的研究。随着产业资本逐步取代商业资本占据统治地位,以流
通领域为研究对象的重商主义理论逐渐让位于以生产领域为研
究对象的古典学派理论,但重商主义追求贸易收支顺差的基本
思想,其通过国家干预实行限入奖出政策以保护国内工业,通
过扩大出口增加外币收入的主张,在不同的历史时期不断地复
活。19世纪初曾以新重商主义之名死灰复燃,直至今日,重
商主义倡导的贸易保护主义政策仍然十分流行。旨在扩大出
口,限制进口的关税战、贸易战、货币战、构成了战后资本主
义国际经济关系的主要内容。

第二节 古典学派国际收支理论
——金币-价格流动机制

（一）古典学派国际收支理论的提出

古典学派是在同封建社会晚期重商主义学说的论战中逐步形成的，其国际收支理论的最大特点是强调国际收支的自动均衡过程，反对国家对贸易收支进行干预，这是与当时的历史条件分不开的。英国工业在 17 世纪中叶就有了很大的发展，1640 年的资产阶级革命为资本主义的进一步发展创造了条件，到了 18 世纪中叶，英国已处于工厂手工业的鼎盛时期，工业资本已经超过了商业资本，产业革命即将发生。资本主义经济的进一步发展迫切需要克服重商主义思想体系的束缚，特别是在国际经济领域，资本主义经济已经发展到了无需国家保护就可以在世界上取得支配地位的程度，根据重商主义原则制定的关税保护制度显然已成为产业资本进一步扩大市场、对外扩张的障碍。于是，代表新兴资产阶级利益的古典学派理论家，在与封建制度残余的斗争中，在与重商主义的论战中，提出了"自由放任"口号，反对国家对经济生活的干预，与此相适应，在国际经济领域，自由贸易成了古典学派的理论和行动纲领。

由于古典学派的研究重心是生产领域，其理论兴趣主要集中在价值决定、收入分配等问题上，在国际经济学领域，他们虽然提出了具有划时代意义的比较利益理论，但其主要代表人物并没有认真地探讨过国际收支问题。古典学派的创始人威廉·配第奠定了劳动价值论的基础，并提出了最初形态的剩余价值理论，但却没有对贸易收支问题发表过有意义的见解。重农学派的思想家致力于农业部门"纯产品"的研究，他们在否认对外贸易是社会财富源泉的同时，否认了对外贸易的意义，在魁奈"极有天才"的《经济表》中，对外贸易被抽象掉了。古典学派的集大成者亚当·斯密在《国富论》中阐述了著名的国际分工原理，但他也没有对国际收支问题进行过有意义的探讨。李加图的比较成本理论旨在论述对外贸易给贸易双方带来的好处，以期为自由贸易学说提供理论依据，对国际收支调节问题，他也未作过系统的考察。不容否认，当时的国际分工和世界市场的规模还未能像今天这样，为各种探讨提供理想的客观条件，但产业革命时期世界贸易的规模和范围毕竟是重商主义时代所无法比拟的。我认为，其原因在于古典学派经济政策倾向的影响。既然他们鼓吹自由贸易，既然他们认为国际经济关系中也存在着一只"看不见的手"在自动地调节国际收支，任何人为的调节政策和措施不仅是毫无意义的，而且是有害的，是与他们反对国家干预、鼓吹"自由放任"的政策主张背道而驰的，这就决定了他们只能提出一种自动均衡的国际收支理论。这一使命是由古典学派的先驱者，英国著名哲学家、经济学家、历史学家大卫·休谟完成的。

　　休谟是古典学派形成时期的思想家，他的经济思想对亚当·斯密建立完整的古典学派思想体系起过重大的作用。休谟的国际收支理论是在批判重商主义贸易差额论的过程中展开的。这是因为休谟所处的时代英国工农业生产的发展，分工、技艺的改进，已使产品成本大大降低，国际竞争能力大大提高，这就迫切需要扩大国外市场，消除关税壁垒。作为过渡时期的经济学家，休谟肩负着使重商主义体系彻底瓦解，为自由贸易政策鸣锣开道的历史使命。据美国人雅各布·瓦伊纳为《亚当·斯密传》一书所写的指南中记载："大约从1748年至1758年，当时的学者名流以通信的方式开展了一场讨论，第一次提出是否有这样的'自然的'过程。如果有，它是如何起作用的，在这种过程中，国际经济会自然而然地保持平衡，如果平衡被打乱，不需要政府的广泛或有步骤的干预即可自行恢复平衡。……作为参加这场讨论的副产品，休谟于1752年发表了一些论文，它们后来成为经济思想史上的里程碑"（雷，1983，P.439）。正是在这些论文中，休谟提出了他的货币数量论和国际收支自动均衡理论。

（二）古典机制的主要内容

在学说史上，人们似乎更重视休谟作为货币数量论者所作的贡献。其实，早在十六世纪就有人研究过货币数量与价格水平之间的关系，提出了货币数量论的基本原理。休谟的观点也不过是沿袭了他的同时代人范德林特在《货币万能》一书中的论述，但他毕竟第一次对这一理论作了完整的论述。休谟指出："一切东西的价格取决于商品与货币之间的比例，任何一方的重大变化都能引起同样的结果——价格的起伏。看来这是不言自明的道理。商品增加，价钱就便宜；货币增加，商品就涨价。反之，商品减少或货币减少都具有相反的倾向"（休谟，2009，P. 38）。显然，休谟的这种思想与16、17世纪美洲金银矿发现后，大量金银涌入欧洲引起的"价格革命"有关，但更重要的还在于其理论的反重商主义性质。因为休谟的货币数量论是直接针对重商主义提出来的，他要证明的是，货币并不是社会财富，只是"便利商品交换的一种工具"，"一种使齿轮的转动更加平滑自如的润滑油"（休谟，2009，P. 31），货币的增加并不能使一国富裕，只会导致物价上涨。马克思是这样评价的，"自从美洲矿山发现以来随着金属货币量的增加同时发生的商品价格的提高成为他的学说的历史背景。正如反对货币主义和重商主义的论战构成他的学说的实际动因一样"（马克思，1976，P. 140）。通览休谟的全部经济论文，到处都可以发现他的反重商主义情绪。

在货币数量论的基础上，休谟研究了一国贸易收支、货币数量和一般价格水平的关系。他在《论货币》中指出，"货币多了，用途却极其有限，有时甚至还会造成一个国家在对外贸易方面的损失……我们可以普遍地观察到：货币一多，百物腾贵，这是亦步亦趋，形影不离地随着老牌商业的一种不利情况；而较穷的国家却可以在一切国外市场上，以低于较富国家的价格进行销售，从而限制了老牌商业在各国的活动范围"（休谟，2009，PP. 32-33）。在"论贸易平衡"一文中，休谟又进一步展开了他的思想。针对重商主义者担心逆差会导致金银丧失的观点，他指出，"即使在对商业十分了解的国家里，也还流行着一种对贸易平衡的强烈戒惧，唯恐自己的金银全部外流。我以为，这种担心在任何情况下根本都是毫无根据的杞忧。担心钱币会离开一个有人力有工业的国家，就像担心所有的泉源和江河会干涸一样。只要我们谨慎地爱护人力和工业，就永远不愁会失去钱币"（大卫·休谟，2009，P. 57）。

接着，休谟又通过两个生动的假设，有力地抨击了重商主义的贸易差额论，阐述了他的国际收支自动均衡原理。

假设英国全部货币的五分之四在一夜之间消失了，就货币量的情况来看，就同倒退到哈里王朝和爱德华王朝时期一样，那么结果又会怎么样呢？一切劳动和商品的价格不见得不会相应下降吧？各种物品的售价未必不会像在那两个王朝时期一样便宜吧？那时候还有哪个国家能在国外市场上同我们争夺呢？或者胆敢以同样的价格（这种价格会给我们提供足够的利润）来从事海运和销售工业品呢？在这种情况下，弥补我们已失去的那些货币量并赶上所有毗邻国家的水平，准是用不了多久吧？一旦我们达到了这些目标，我们马上就丧失廉价劳动和商品的有利条件，我们的殷实富足使货币的进一步流入停顿下来。

又假设：英国的全部货币在一夜之间增加四倍，难道没有相反的结果接踵而至吗？难道我们的一切劳动和商品不会贵得出奇，让所有邻邦没有哪一个能买得起吗？另一方面，难道别国的商品相形之下就不会变得那么便宜，以致不管我们制定什么样的法律都无法阻挡这些商品的走私入境，从而使我们的货币外流，直到我们的货币量下降到和别国相等，把那种曾使我们蒙受如此不利的巨大财富优势完成丧失为止——难道准不会这样吗？

现在，问题很清楚，要是这些过分的不均衡现象出人意外地发生，那么，使这些现象得以矫正的因素必然同样地会按事物的正常趋势来防止其发生，必然会在所有毗邻国家里，使货币与每个国家的技艺与工业始终大体相称。江河百川，不管流向何处，总是保持相同的水平。要是去问博物学家这是什么道理，他们就会告诉你：要是在任何一处水位升高，升高处的引力就会失去平衡，必须降低，直到取得平衡为止；同理，矫正已发生的不均衡现象的因素，也一定总是不依靠暴力和外部作用来防止其发生。

休谟上述原理后来被人们称为"金币-价格流动机制"（Price-Specie Flow Mechanism），或古典机制。可以将这一原理作如下概述：在金本位制条件下，一国的贸易收支可以通过金币和价格之间的相互"流动"自动地达成均衡，这种自动均衡过程是通过两个环节实现的：一是"金币流动"，二是"价格流动"。当一国出现国际收支逆差时，为了支付逆差，该国黄金开始流出；黄金外流在金本位条件下意味着该国货币供给的减少，根据货币数量论原理，这就会导致物价下跌，使出口变得便宜，进口变得昂贵，从而促进出口，遏制进口，直到国际收支恢复平衡。顺差国也是同样，顺差引起的黄金内流会扩大国内的货币供给，引起物价上涨，直到出口缩减，进口增加，顺差消失为止。这种自动均衡过程，就像"江河百川"的自由流动一样，存在着一种矫正不均衡现象的因素，可以"不依靠暴力和外部作用"来防止不均衡的发生。这一原理可以用下图表示（林钟雄，1979，P. 59）：

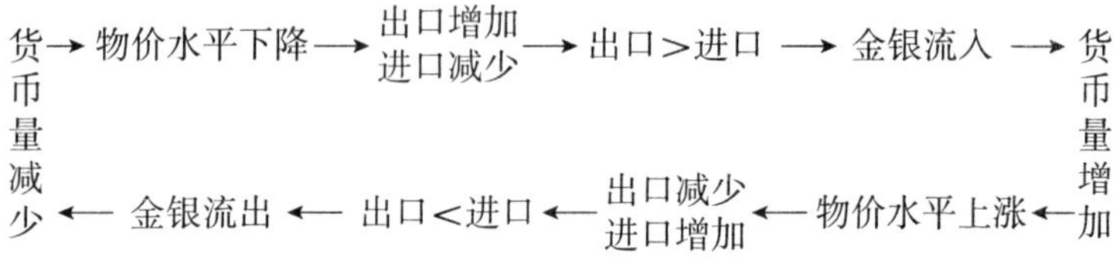

货币量减少 → 物价水平下降 → 出口增加 进口减少 → 出口>进口 → 金银流入 → 货币量增加

货币量增加 ← 金银流出 ← 出口<进口 ← 出口减少 进口增加 ← 物价水平上涨 ← 货币量增加

图 1-2-1　金币-价格流动机制

根据这一原理，休谟还提出了他的自由贸易理论。他认为，各国由于自然条件的不同，各自生产拥有优势的产品，并进行交换，这是贸易发生的稳固基础。休谟批判了重商主义关于世界贸易量是固定的，只有减少他国贸易才能增进本国贸易的观点，认为对外贸易总是互利的。他在"论贸易的猜忌"一文中指出，"如果我们的狭隘有害的政策居然获得成功，我们就势必要把我们所有的邻国都倒退到目前在摩洛哥及北非诸国所存在的那种懒惰和蒙昧状态。那时结果又将如何呢？那些国家就无法向我们提供商品，也不能接受我们的商品……，我们自己也同样会落到当初由我们造成的、邻国的悲惨境地"（休谟，2009，P. 77）。"与这种允满敌意的狭隘观点相反，我敢断言，一般说来，任何一个国家的商业发展和财富增长，非但无损于而且有助于所有邻国的商业发展和财富增长；再说，要是所有的邻邦都处于愚昧、懒惰和原始状态，那么一个国家的工商业也就行而不远，无从发展了"（休谟，2009，P.74）。休谟倡导的这种贸易互惠观点，各国繁荣进步与文明的相互依存思想，对国际贸易理论的形成与发展，对国际收支理论的形成与发展，无疑产生了深远的影响。

（三）古典机制的历史局限性

休谟的古典调节机制由于应合了上升时期资产阶级的利益和自由贸易的主张，很快就被古典学派的经济学家们所一致接受，在西方国际收支理论中占据统治地位近两个世纪。

古典机制以金本位制为存在的前提，金本位制的"三大法则"保证了这一机制的顺利运转。进入 20 世纪后，由于资本主义基本矛盾及其各种固有矛盾的不断激化，金本位制存在的基础日益削弱。两次大战期间，资本主义国际货币关系陷入一片混乱，各国由于军费剧增而大量发行不兑现的纸币，并禁止黄金自由输出入，欧洲大陆不再有金币流通。20 世纪 30 年代大危机爆发后，金本位制彻底崩溃，各资本主义国家纷纷实行纸币流通制度，古典机制最终失去了赖以运转的客观条件。既然金币不再能自由铸造和流通；既然纸币不再能兑换成黄金；既然黄金不再能自由输出入，古典机制运转的第一个环节——"金币流动"就不复存在了。

古典机制还以充分就业和工资、物价的灵活性为理论前提。30 年代大危机以来各种政治和经济条件的变化，特别是垄断组织和工会力量的不断强大，工资物价呈"刚性"，货币供给减少直接引起的是失业的增加和产量的减少，而不是工资和价格的水平的降低。这样一来，即便金币可以自由流动，逆差国家的货币短缺也无法迅速地引起价格水平下降以恢复国际收支平衡，古典机制运转的第二个环节——"价格流动"也不复存在了。

古典机制还以国内经济活动受国外经济活动制约为理论的前提，它暗含着国内经济政策目标与对外经济政策目标之间的冲突。这种冲突在金本位制时代表现为价格稳定与贸易收支平衡之间的冲突。工资物价刚性出现后，随着国际收支的调节负担由价格转移到就业和产量的变动上，这一冲突便转变为国内就业、经济稳定同国际收支均衡之间的冲突，它常常意味着以牺牲国内的就业和经济增长为代价来换取对外均衡，这是各国的政策制定者难以接受的。

那么，在新的历史条件下，怎样才能既促进国内就业和经济增长，又可以维持外部均衡呢？20世纪30年代汇率的频繁波动引起了人们对汇率问题的注意。既然古典机制描述的金币流动引起的绝对价格变动对国际收支失衡的自动矫正作用已经失灵，人们的注意力便转移到通过相对价格的变动，即通过汇率的变动来调节国际收支了。大危机时期竞争性的汇率贬值也使得对其影响效果的研究成为必要，这种剧烈的汇率波动究竟会给一国的国际收支和国内经济稳定带来什么样的影响，便成了当时经济学家们最为关心的问题。新古典学派的经济学家们就是在这种历史条件下提出了他们的相对价格调节机制——弹性分析。

第二章　新古典学派国际收支理论
——相对价格调节机制

新古典学派的国际收支理论探讨的也是一种价格机制，它与古典学派的区别是：第一，古典学派考察的是金本位制条件下，金银的内流和外流引起的绝对价格变动，即一般价格水平的变动对国际收支失衡的自动矫正作用；而新古典学派考察的是在纸币流通、工资物价呈刚性的条件下，如何通过相对价格的变动，即汇率的变动来调节国际收支，因而这一理论又被称为相对价格调节机制。第二，古典机制认为，一国物价水平的降低必定会扩大出口，限制进口，物价水平的上涨则必定会减少出口，扩大进口；而新古典学派则认为，汇率变动引起的相对价格变动对进出口的影响取决于进出口商品的供给弹性和需求弹性，研究不同弹性组合条件下汇率变动对贸易收支和贸易条件的影响是该理论的全部内容。所以在学术界，这一理论更多地被称为汇率调节的弹性分析。第三，古典机制强调贸易收支的自动均衡，反对政府干预对外贸易；新古典学派虽然集中探讨相对价格机制对贸易收支的自动矫正作用，但却具有一定的政策倾向，它并不限于依赖汇率的自发涨落来调节国际收支，这就为通过汇率政策调节进出口，协调内外经济政策目标打开了一扇大门。

关于汇率变动对贸易收支的影响，经济学家有过许多论述，其中最为详细具体的来自于琼·罗宾逊夫人（Robinson, 1973）1937年出版的《就业理论论文集》中的"外汇篇"。因此，相对价格分析常常被误解为凯恩斯主义的国际收支理论。其原因有三点：第一，琼·罗宾逊是后凯恩斯学派的主要代表人物，其《就业理论论文集》也是在《通论》以后发表的，罗宾逊本人也在初版序言中开宗明义，她是试图"应用凯恩斯先生《通论》的原理于一些特殊的问题"。第二，弹性分析假定小于充分就业、工资物价呈刚性，这恰好与新古典学派充分就业、工资物价具有灵活性的两个理论前提相矛盾。第三，该理论具有政府干预外汇市场的政策含义。那么，能否根据这三点就把相对价格分析归于凯恩斯主义的国际收支理论呢？我认为，判别一种理论的性质不仅要看它的时代背景、假定前提和政策倾向，更重要的要看它的理论基础，基本内容和分析方法。相对价格分析的理论基础是马歇尔的均衡价格理论，其基本内容是新古典学派的供给弹性和需求弹性理论在国际经济学领域的延伸和应用，并且沿袭了马歇尔的局部均衡方法，在假定其他条件下不变的情况下，研究汇率变动如何通过改变进出口商品的相对价格影响贸易收支。更重要的是，它忽略了收入变动对贸易收支的影响，而收入分析则是凯恩斯理论的核心内容。

诚然，凯恩斯革命对国际收支理论产生了深刻的影响，处于20世纪30年代大萧条时期的经济学家也不得不承认失业和工资物价不易变动的事实，转而重视国内就业和稳定问题，使其理论具有政策倾向。但当时《通论》毕竟刚刚发表，还处于对《通论》的解释阶段，作为前新古典学派成员的罗宾逊夫人，还不能立刻摆脱剑桥传统的影响，或者说，她当时还处于由新古典学派理论家向凯恩斯主义者的转变时期，她还是从剑桥学派的思想体系出发阐述她的国际收支理论的。因此，相对价格分析基本上是新古典学派的理论，凯恩斯主义国际收支理论的真正产生是在外贸乘数理论和吸收分析出现以后。西方学术界用新古典学派的代表人物马歇尔的名字把弹性分析概括为"马歇尔-勒纳条件"，凸显了该理论的新古典特征。为行文方便，我们将新古典学派的相对价格机制统称为弹性分析。

第一节 弹性分析的基本内容

汇率变动对国际收支的影响集中在两个问题上，其一是汇率变动对贸易收支的影响，或者说，在什么条件下，汇率变动可以改善贸易收支？其二是汇率变动对贸易条件的影响。这两个问题都是围绕着进出口商品的供求价格弹性展开的。

（一）汇率变动对贸易收支的影响

考察汇率变动对贸易收支的影响就是考察汇率变动对进口值和出口值的影响。进口值等于进口价格乘进口量；出口值等于出口价格乘出口量。所以，仅仅考察汇率变动对进出口量的影响或进出口价格水平的影响是不够的，应当考察它们的乘积，即价格变动和数量变动的综合效果，这就不可避免地涉及弹性问题。比如，汇率贬值引起一国出口量增加，但是如果出口量增加的程度小于贬值引起的出口价格下跌程度，二者的乘积——出口值就不仅不会增加，反而会减少。这里，国外对出口商品的需求弹性和本国出口商品的供给弹性有着决定性的意义。

需求和供给的价格弹性理论是由英国经济学家马歇尔首先提出来的。在《货币、信用和商业》（Marshall, 1923）一书中，他又把这一理论引申到国际贸易领域，提出了进口需求弹性概念，并对不同进口需求弹性条件下，汇率变动与贸易收支均衡的关系进行了初步探索。罗宾逊在马歇尔分析的基础上作了进一步的研究，提出了四种弹性概念：国外对本国出口商品的需求弹性；本国出口商品的供给弹性；进口商品的国外供给弹性；本国对进口商品的需求弹性。在此基础上，罗宾逊分别考察了汇率贬值对进出口双方的影响。

1. 贬值对出口的影响

一国汇价下跌会导致以本币表示的出口值增加，在国内供给弹性不变的条件下，其增加的程度取决于国外的需求弹性。国外的需求弹性越低，出口值增加得就越小，如国外的需求弹性为零，出口量就不会增加，出口值也就无从增加。这是因为，一国汇率贬值时，若出口供给情况不变，以外币表示的出口价格会按贬值的比率下降，导致出口量增加，但是出口量增加的比率只有大于出口价格下跌的比率，二者的乘积出口值才能增加。如果国外的需求弹性较小，即出口量的增加率小于出口价格的下跌率，贬值后以外币表示的出口值就会减少，以至于在很大程度上抵消以本币表示的出口值的增加程度。如果国外的需求弹性为零，即国外需求量对出口价格的变动全无反应，贬值后出口量就不会有任何增加，以外币表示的出口值就会按贬值的比率下降，以本币计算的出口值则不变。

罗宾逊还考察了国外需求弹性不变时，国内供给弹性的影响，她把这种影响列为三种情况。第一，如果国内的供给弹性为零，贬值后出口量不会增加，出口的国外价格也不会改变，出口值会按汇率下跌的比率增加。因为在这种情况下，汇率贬值虽然使国外需求量增加，但由于国内的供给无法增加，这种增加的国外需求量会立即把出口价格提高到贬值前的水平上，以至于以外币表示的出口价格不会因贬值而变动，以外币表示的出口值也不变，但以本币表示的出口值则会按贬值的比例增加。第二，如果本国的出口供给有无限的弹性，出口的国内价格保持不变，出口价格会按贬值的比率下降。因为在本国出口供给弹性无穷大时，出口生产是在成本不变的条件下进行的，出口商品的国内价格不会因贬值引起的出口量扩大而增加，以外币表示的出口价格也不会随出口量的增加而上升，而是按贬值的比例继续维持下跌的状态。第三，如果出口供给弹性处于零和无穷大之间，出口的国内价格就会随出口量的扩大而增加，以外币表示的出口价格则会按低于贬值的比例下跌。因为在出口供给弹性小于无穷大的情况下，出口生产是在成本递增的情况下进行的，出口产品的成本和价格会随出口生产的扩大而增加，这种增加会在一定程度上抵消汇率贬值的相对价格效果，使得以外币表示的出口价格下跌幅度低于汇率贬值的程度。

在上述分析的基础上，罗宾逊把供给弹性和需求弹性结合起来，考察了不同供求弹性组合情况下汇率贬值的影响，她主要考察了三种组合。第一，如果国外需求弹性等于 1，以外币表示的对该国的出口支出不变，以本币表示的出口值则会按汇率下跌的比例增加，而不管国内的供给弹性如何。因为国外需求弹性等于 1 意味着国外对出口需求量的增加率等于贬值率，或者说出口量的增加率等于出口价格的下跌率，在这种情况下，无论本国出口的供给弹性怎样，以外币表示的出口值都是不变的，而以本币表示的出口值则会按贬值的比率上升。第二，如果国外需求弹性小于 1，出口供给弹性越小，出口值的增加就越大。因为国外需求弹性小于 1 意味着贬值引起的出口量增加率小于出口价格下跌率，以外币表示的出口值是下降的，在这种情况下，出口供给弹性越小，贬值后出口品的国内价格随出口生产扩大上升得越大，这就会在更大的程度上抵消以外币表示的出口价格下跌率，减轻以外币表示的出口值的下降程度，从而提高以本币表示的出口值。"因此，当国外需求弹性小于 1 时，出口值最大可能的增加是供给弹性等于零造成的"（Robinson, 1973, P. 217）。第三，当国外需求弹性大于 1 时，"本国的供给弹性越大，出口值增加得就越大"。因为在这种情况下，贬值后出口量的增加率大于出口价格的下跌率，出口供给弹性越大，出口的国内价格随出口扩大而上涨的程度就越小，对以外币表示的出口价格下跌的抵消作用就越小，因而对国外需求量增加的阻力也越小，以本币表示的出口值增加得就越大。"总之，高国内供给弹性趋于降低还是提高汇率贬值引起的出口值的增加程度依国外需求弹性小于 1 还是大于 1 而定"（Robinson, 1973, P. 217）。

罗宾逊还指出，当国外需求弹性等于零时，汇率贬值对出口值的影响最小，此时以本币表示的出口值不变；当国外需求弹性和国内供给弹性都为无穷大时，汇率贬值对出口值的影响最大，此时出口值的增加从理论上讲是无穷大的。可以把汇率贬值对出口的影响概括为：当国外需求弹性小于 1 时，国内供给弹性越小越有利；当国外需求弹性大于 1 时，国内供给弹性越大越有利；当国外需求弹性等于 1 时，无论国内供给弹性如何，结果都是一样的。

2. 贬值对进口的影响[①]

罗宾逊指出，贬值引起的以本币表示的进口值增加还是减少，依进口需求弹性小于 1 还是大于 1 而定。如果国外供给弹性为无穷大，则进口的国外价格不变，用本币表示的进口价格会按汇率下跌的比率上升。因为在进口供给弹性无穷大的情况下，进口商品的生产是在成本不变的条件下进行的，同生产扩大时成本不会递增一样，贬值引起的进口减少也不会由于成本递减而降低进口商品的国外价格，因而贬值引起的进口商品国内价格的上升程度也不会减少。如果国外供给弹性小于无穷

---

① 这一部分的内容可以根据前面的分析类推，故叙述从简。

大，即进口商品生产是在成本递增的条件下进行的，贬值后对进口需求量减少造成的进口生产缩减会由于成本递减而降低进口商品的国外价格，在一定程度上抵消贬值引起的进口商品国内价格的上升程度，致使以本币表示的进口价格以低于贬值的程度上涨。因此，当国内需求弹性小于 1 时，国外供给弹性越大，进口值增加得就越多。因为此时贬值造成的进口量减少的比率低于进口价格上升的比率，进口值会增加，而国外供给弹性越大，进口量减少时进口品国外价格下降得越轻，对进口品国内价格上升的抵消作用就越小，进口值增加得就越多。当国内需求弹性大于 1 时，国外供给弹性越大，进口值下降得越大。因为国内需求弹性大于 1 意味着贬值引起的进口量降低率大于进口价格上升率，进口值会减少，同样道理，国外供给弹性越大，进口价格因进口量减少而下降得越轻，进口值下降得也就越大。

当国内需求弹性为零时，汇率贬值造成的进口值增加为最大。因为在这种情况下，贬值后进口的实物量不变，进口的国外价格也不会变动，用本币表示的进口价格和进口值会按汇率下跌的比率增加。当国内需求弹性和国外供给弹性都为无穷大时，贬值造成的进口值减少为最大。因为无穷大国外供给弹性意味着进口的国外价格不会因进口的减少而降低，以本币表示的进口价格会按贬值的比率上升，而在国内需求弹性为无穷大时，进口的价格略有上升，进口需求量立即为零，进口值也降为零。可以把汇率贬值对进口的影响概括为：当国内需求弹性小于 1 时，国外供给弹性越小越有利；当国内需求弹性大于 1

时，国外供给弹性越大越有利。

在分别考察了汇率贬值对进出口的影响后，罗宾逊又对双方进行综合，概括出汇率贬值对一国贸易收支影响的一般结论："只要对进口的国内需求弹性大于1，汇率下跌就必然会增加贸易差额。因为进口值下降了，而出口值充其量是不变的。如果对进口的国内需求弹性小于1，只要出口值有足够的增加，贸易差额仍然会增加。如果国外对出口的需求弹性不足以补偿较低的国内需求弹性，汇率下降就会减少贸易差额"（Robinson, 1973, P. 218-219）。

罗宾逊还把她关于汇率贬值对贸易收支影响的结论用数学公式表示。她用 I 表示进口量，E 表示出口量，p 表示进口的国内价格，q 表示出口的国内价格，用 εh 和 εf 分别表示对进口的国内需求弹性和国外对出口的需求弹性，ηh 和 ηf 分别表示出口的国内供给弹性和进口的国外供给弹性，k 表示汇率微小的变化率，即：

$$\eta h = \frac{\delta E}{E} \Big/ \frac{\delta q}{q}$$

$$\varepsilon f = \frac{\delta E}{E} \Big/ \left(k - \frac{\delta q}{q} \right)$$

$$\eta f = -\frac{\delta I}{I} \Big/ \left(k - \frac{\delta p}{p} \right) \text{①}$$

$$\varepsilon h = -\frac{\delta I}{I} \Big/ \frac{\delta p}{p}$$

---

① 原文中分母没有括起来，括号是笔者根据题意加的。

则汇率变动对贸易收支的影响为：

$$(E\delta q + q\delta E) - (I\delta p + p\delta I)$$

根据上面供求弹性的定义式，这一公式可以化为：

$$k\left\{Eq\frac{\varepsilon f(1+\eta h)}{\varepsilon f + \eta h} - Ip\frac{\eta f(1-\varepsilon h)}{\eta f + \varepsilon h}\right\}$$

若上式括号内为正值，汇率贬值可以改善贬值国的贸易收支；若为负值，贬值会恶化贸易收支。仔细检验该公式，可以得出汇率贬值对一国贸易收支影响的如下结论：当对进出口的需求弹性较大时，进出口的供给弹性越大，贬值对贬值国的贸易收支越有利；当对进出口的需求弹性较小时，进出口的供给弹性越小，贬值对贬值国的贸易收支越有利。

罗宾逊还进一步考察了进口值与出口值的相对量。如果有关弹性使汇率下降造成进出口值等比例增加，而起初贸易差额为零，汇率下降后贸易差额仍然为零。如起初贸易收支为正值，贸易差额就会增加。若起初贸易收支为负值，贸易差额就会因汇率下降而减少。罗宾逊还把国内外供给弹性为无穷大，进出口不相等时，贬值对贸易收支的影响用数学公式表示。令 ηh、ηf 为无穷大，代入上面公式得：

$$k\{Eq\varepsilon f + Ip\varepsilon h - Ip\}$$

或

$$kEq\left\{\varepsilon f + \varepsilon h\frac{Ip}{Eq} - \frac{Ip}{Eq}\right\}$$

这就是说，汇率贬值增加贸易差额的充分条件（虽不是必要条件）是国外需求弹性超过进口对出口的比率。当贸易收支起初为零时，如果国外对出口的需求弹性大于 1，汇率贬值必然会增加贸易差额。因为此时出口值以高于汇率下跌的比率增加。最糟的情况是国内需求弹性为零，但即使在这种情况下，进口值也仅仅按汇率下跌的比率增加，不足以抵消出口值增加的幅度。如果国外对出口的需求弹性小于 1，但国内需求弹性足以补偿低的国外需求弹性，贸易差额仍然可以增加。"现在很清楚，即使国外和国内的需求弹性都小于 1，贸易差额仍然可以随汇率的下跌而增加。为了简便起见，在贸易收支起初平衡，国内外供给弹性为无穷大的情况下，贸易差额依国内外需求弹性之和大于 1 或小于 1 而增加或减少。也就是说，依一种小于 1 的弹性被另一种大于零的弹性补偿有余还是补偿不足而定"（Robinson, 1973, PP. 219-220）。

3. 马歇尔-勒纳条件

美国经济学家勒纳（Lerner, 1946）在《控制经济学》一书中发扬了罗宾逊的思想，更加清楚地阐述了贬值对贸易收支影响的弹性临界值问题。勒纳认为，一国价格的降低由于使出口更加便宜而促进出口，进口也会由于国内更便宜的替代商品的出现等原因而减少，但这并不意味着逆差必然改善，因为后者与贸易值而不是贸易量有关。低出口价格导致国外购买增加，但除非出口量以大于价格降低的比率增加，或者说除非国外需求弹性大于 1，否则出口值不能增加。若国外需求弹性小于 1，出口值就会减少，使逆差更加严重。当然也可以通过进口减少来消除逆差，但如果对进口的需求缺乏弹性，进口值的减少就不足以弥补出口值的减少。只有当对进口的需求弹性超过零的程度恰好等于对出口的需求弹性低于 1 的程度时，两种影响才可相互抵消，价格下跌才会对逆差不发生影响。所以逆差增减与否的临界值在于"对进口需求弹性高于零的份额恰好等于对出口需求弹性低于 1 的份额，即两种弹性之和为 1。如果两种弹性之和大于 1，价格下跌趋于矫正逆差，遏制黄金外流；如果恰好等于 1，价格下跌对逆差没有影响；如果小于 1，价格下跌就会增加逆差，使逆差状况更加严重"（Lerner, 1946, P. 378）。

勒纳还用一个数字的例子阐述其观点。[①] 假定国外对一国出口的需求弹性为 1/3，即出口量的增加只及价格下跌的 1/3。如果出口价格下降 3%，出口量仅增加 1%，出口值下降了 2%。再假定该国对进口的需求弹性为 2/3。如果国内价格降低 3%，等于进口相对价格上升了 3%，进口量会减少 2%，进口值也会减少 2%。[②] 此时，由于两种弹性之和等于 $1\left(\dfrac{1}{3}+\dfrac{2}{3}=1\right)$，进出口值都减少了 2%，贸易收支状况维持不变。如果两种弹性之和小于 1，贸易差额就会出现不利的变动。"欲矫正逆差状况，必须提高货币价值而不是降低其价值，价格下跌的自动调节不仅会带来不必要的痛苦，而且是南辕北辙，它不仅不是良药，而且有害，因为它只能使病情加重。"（Lerner, 1946, P. 379）。

罗宾逊在其《就业理论论文集》第二版中吸收了勒纳的

---

① 该例中进出口值都用外币计算。
② 此时以本币表示的进口值增加了 1%。

观点，并把它概括为数学公式。她令 ηh 和 ηf 为无穷大，$Eq = Ip$，代入前面的公式，则：

$$kEq\{\varepsilon h + \varepsilon f - 1\}$$

显然，$\varepsilon h + \varepsilon f > 1$ 是贬值改善贸易收支的必要条件，即著名的马歇尔-勒纳条件（Marshall-Lerner Condition）。

4. 罗宾逊-梅茨勒条件

供给和需求的价格弹性理论是建立在单一商品市场上供给和需求共同决定价格的"均衡价格论"基础上的。而在国际市场上，进出口商品的供给和需求表现为外汇的供给和需求，对外汇的需求是由对进口的需求派生的，外汇供给是由出口供给派生的，外汇的价格——汇率则是由外汇的供给和需求决定的。与普通商品不同的是，对外汇的需求同时反映本币的供给——本国对进口的需求，而外汇的供给同时又反映对本币的需求——国外对本国出口的需求。汇率由外汇的供求决定，实质上是由对外汇的需求和对本币的需求，或者说本国对进口的需求和国外对本国出口的需求，这种"相互需求"决定的，如此决定的均衡价格称为"均衡汇率"。因此，进出口的需求弹性和供给弹性可以表示为外汇的需求弹性和供给弹性，贸易收支因汇率变动引起的变动则可称为"贸易收支弹性"（elasticity of the trade balance）。从汇率变动影响效果的角度讲，弹性分析是研究不同弹性组合下，汇率变动对贸易收支产生的影响；从汇率决定的角度讲，弹性分析则是研究不同弹性的外汇供给和需求如何决定汇率或影响汇率的变动，即汇率的稳定性问题。从这个意义上讲，探讨汇率变动对贸易收支影

响的条件也就是探讨外汇市场稳定性的条件，梅茨勒（Met-
zler, 1948）正是从这个角度进一步阐发了汇率调节的弹性
理论。

　　汇率贬值对贸易收支影响的马歇尔-勒纳条件假定进出口
商品的供给弹性为无穷大，这仅仅符合 20 世纪 30 年代小于充
分就业的情况，罗宾逊虽然概括出贬值对一国贸易收支影响的
公式，但这个公式仅仅反映了贬值的具体影响效果，而不是贬
值改善贸易收支的条件。梅茨勒在"国际贸易理论"一文中
放弃了供给弹性无穷大的假定，只假定贬值前进出口的差额很
小，即 $EQ \approx IP$，把它代入罗宾逊的公式，经整理得：

$$k\left\{\frac{\eta_1\eta_2(1+e_1+e_2)+e_1e_2(\eta_1+\eta_2-1)}{(\eta_1+e_2)(\eta_2+e_1)}\right\} \quad ①$$

　　如果上式括号内为正值，贬值可改善贬值国的贸易收支；
若为零，其贸易收支不变；若为负值，则贸易收支恶化。这一
公式被称为"罗宾逊-梅茨勒条件"（Robinson-Metzler Condi-
tion）或"梅茨勒条件"。按照梅茨勒的表述，该公式是外汇
市场稳定性的条件。"除非括号内的表达式为正值，否则外汇
市场明显的不稳定，因为汇率稳定要求贬值必须增加一国的外
汇供给"（Metzler, 1948, P. 226）。

　　进一步观察这一公式还可以发现，由于公式中供给弹性和
需求弹性都取正值，分母必然是正的，可以忽略，而分子中唯

────────────

① 梅茨勒这里所用符号的意义与罗宾逊的正好相反，他用 η_1 和 η_2 分别表示两
　国对进口的需求弹性，e_1、e_2 表示两国出口的供给弹性。

一的负值是第二个小括号中的 -1。所以，"除非 $\eta_1 + \eta_2 - 1$ 为负值且很大，否则贸易收支弹性不会为负，因此，稳定性的充分条件是两种需求弹性之和大于 1，即使二者之和小于 1，如果供给弹性 $e_1 e_2$ 足够小，贸易收支弹性仍可为正值"（Metzler，1948，P. 227）。也就是说，只要 $\eta_1 + \eta_2 > 1$，公式分子中的第二项就会为正值，整个括号内也会为正值。即使 $\eta_1 + \eta_2 < 1$，但若 $e_1 e_2$ 很小的话，分子中第二项的值虽然为负但却较小，会被分子中第一项的值抵消有余，因而整个括号内的值还是正的。梅茨勒还考察了两种极端的情况。其一是如果出口[①]商品的生产像许多制成品的生产那样，是在成本不变的条件下进行的，$e_1 e_2$ 都为无穷大，国际收支弹性为 $\eta_1 + \eta_2 - 1$，稳定性的最低要求为两种需求弹性之和大于 1；其二是，如果出口供给像短期内一些农产品的供给那样，弹性为零，国际收支弹性就永远是正的，其值为 1，[②] 而不管需求弹性如何。在这种情况下，无论对进口的需求如何缺乏弹性，贬值总会改善一国的国际收支。第一种情况是已经讨论过的马歇尔 - 勒纳条件，梅茨勒是把它当成一种特例加以论述的。第二种情况我们在前面也已分析过，梅茨勒在这里强调低供给弹性对外汇市场的稳定性作用。

（二）汇率变动对贸易条件的影响

经济学家通常是从福利经济学的角度探讨贬值引起的贸易

---

① 这里的进出口包括本国和外国的进出口。

② 此时表达式为 $\dfrac{\eta_1 \eta_2}{\eta_1 \eta_2}$，等于 1。

条件变化给国内收入、就业和社会福利带来的影响，并以此作为是否实行贬值的依据之一。从国际收支调节的角度看，贬值对贸易条件的影响是贬值对贸易收支影响的一部分。由于贸易条件变化造成的国内外收入变化会影响贸易收支，贬值对一国贸易收支影响的分析，应当包括了贬值对贸易条件的影响。因此，仅仅了解贬值能否直接改善或恶化一国的贸易收支是不够的，还应进一步分析贬值怎样引起相对价格的变动，贸易条件的变化在多大程度上影响一国的贸易收支，或者说，贸易收支的改善究竟要付出多大的贸易条件代价。"对贬值作用的透彻理解需要探讨贬值怎样和能否改变相对价格。……要想知道贬值能否真正带来贸易收支的持续改善，就必须了解贬值能否改变国内价格和国外价格的比率"（Lindert & Kindleberger, 1982, P. 296）。

贸易条件，又称交换比价，指一国出口商品价格指数与进口商品价格指数的对比，它的变化实际上反映了一定量出口的进口购买力的变化，所以称为商品贸易条件或净贸易条件。如果与基期比，一国出口价格提高了，进口价格降低了，即该国用一单位出口可换得比以前更多的进口，则贸易条件改善了，相反，就是贸易条件恶化了。如果该国的出口价格和进口价格都比以前降低了，但出口价格下降的幅度低于进口价格下降的幅度，该国的贸易条件仍然是改善了。通常人们认为贬值会恶化一国的贸易条件，因为贬值是通过使出口价格降低，进口价格上涨来改变贸易收支的。但是这种降低是以外币表示的出口价格的降低，这种上涨是以本币表示的进口价格的上涨，与考察贬值对贸易收支的影响一样，贬值对贸易条件的影响也应当用同一种货币表示。如果用本国货币表示，汇率下跌由于使出口扩大，出口商品的国内成本和价格会随之上升，而进口商品的国内价格也会因贬值而上升；如果用外币表示，贬值的直接结果是出口价格下跌，而进口商品的国外价格也会由于进口的减少而降低。也就是说，汇率贬值的结果是进出口商品的国外价格下降，国内价格上升。既然进出口商品的价格按同一方向变动，要想了解汇率变动对贸易条件的影响就要弄清楚进出口价格变动的相对量，问题的关键仍然是进出口商品的供给弹性和需求弹性。

关于贬值对贸易条件的影响，罗宾逊夫人也有过系统的论述，她在《就业理论论文集》"医治失业的以邻为壑药方"篇中，考察了各种以邻为壑的政策措施对国内单位就业的实际收入的影响，这种影响是通过改变该国的贸易条件来实现的。一国出口商品的国外需求弹性越小，国内供给弹性越大，贬值后出口商品的国外价格下降得越大。因为国外需求弹性小，意味着贬值后出口量的增长率低于出口价格的下跌率，国内供给弹性大意味着贬值后出口商品国内成本价格上升得小，对出口商品国外价格降低的抵消作用就小。同样道理，一国对进口商品的需求弹性越大，进口的国外供给弹性越小，进口商品的国外价格下跌得越大。因为此时贬值后进口量降低的比率大于进口商品国内价格上升的比率，国外供给弹性低意味着进口量的减少会导致进口商品国外价格的大幅度下跌。"假如国外对出口的需求弹性等于进口的国外供给弹性，而出口的国内供给弹性等于国内对进口的需求弹性，汇率下跌的初始影响将会使两套价格作同等程度的变动，以至于贸易条件不变。进一步说，假如国外供给弹性超过国外需求弹性的比例等于国内需求弹性超过国内供给弹性的比例，贸易条件也不变"（Robinson, 1973, P. 243）。这是因为国内外供求弹性对进出口价格变动的作用相互抵消了的缘故。

按需求弹性和供给弹性的定义式，汇率贬值对贸易条件的影响 $\dfrac{\delta P}{P} - \dfrac{\delta q}{q}$，可表示为 $k\left(\dfrac{\eta f}{\varepsilon h} - \dfrac{\varepsilon f}{\eta h}\right)$。因此，汇率贬值改善还是恶化一国的贸易条件取决于 $\dfrac{\eta f}{\varepsilon h} < \dfrac{\varepsilon f}{\eta h}$ 还是 $\dfrac{\eta f}{\varepsilon h} > \dfrac{\varepsilon f}{\eta h}$，（ $\eta f \eta h < \varepsilon h \varepsilon f$ 或 $\eta f \eta h > \varepsilon h \varepsilon f$），即贬值改善还是恶化一国的贸易条件依国内外供给弹性之积小于还是大于国内外需求弹性之积而定。如果两个供给弹性之积小于两个需求弹性之积，贬值可改善贸易条件；如果两个供给弹性之积大于两个需求弹性之积，贬值则会恶化贸易条件；如果两个供给弹性之积等于两个需求弹性之积，贬值后贸易条件不变。$\eta f \eta h < \varepsilon h \varepsilon f$ 是贬值改善贸易条件的条件。

那么现实世界中，贬值能否改善一国的贸易条件呢？罗宾逊的回答是否定的。她先考察了国外需求弹性和供给弹性的情况。"通常，每一个国家在生产品方面比在消费品方面更加专业化，因而任何国家在其出口商品的世界供给方面比在其进口商品的世界市场上发挥着更具有支配性的作用。所以一般说来，对一国出口的世界需求弹性小于该国进口的世界供给弹性"（Robinson, 1973, P. 234-235）。在国际市场上，各个国家为了更有效地进行竞争，都尽可能地利用自己的比较优势，专业化于一种或几种本国最适合的出口商品的生产，这种出口生产专业化所产生的规模经济效益，会在很大程度上抵消成本递增的影响，使长期平均成本曲线呈一条水平线。而各个国家在进口需求方面则是"多样化"而不是专业化的，很难支配世界进口产品市场，加之各国在世界出口产品市场上的支配地位，必然形成各个国家对进口产品一定程度的依赖，表现出较低的需求弹性。一方面是每个国家较高的出口供给弹性，一方面是每个国家较低的进口需求弹性。"因此，就国外弹性而言，可以做出有力的推断，汇率下跌将使贸易条件朝着不利的方向变动"（Robinson, 1973, P. 235）。

接着，罗宾逊又考察了国内需求弹性和供给弹性的情况。由于每个国家都要进口很多国内不能生产的商品，这种对进口的依赖性表现为较低的国内需求弹性。至于出口供给弹性，除了前面分析过的出口生产专业化的影响外，还取决于出口商品的特殊类型和贸易的一般状况。制成品的供给弹性较高，农产品的供给弹性较低；萧条时期供给弹性较高，繁荣时期，或资源处于"瓶颈"状况时供给弹性较低。"所以，国内需求弹性超过国内供给弹性足以补偿国外供给弹性超过国外需求弹性的情况仅仅是例外，一般说来，汇率下跌势必引起贸易条件的恶化"（Robinson, 1973, P. 25）。

罗宾逊还考察了几种特殊弹性组合的情况。如果出口商品的国内供给弹性为零，贬值后出口商品的国外价格就不会下跌，除非对进口商品的需求弹性为零或进口商品的国外供给弹性为无穷大，进口的国外价格就会下跌，贬值就会改善贸易条件。因为当对进口的需求弹性为零时，贬值后进口量不会减少，进口的国外价格不会下降；而当进口的国外供给弹性为无穷大时，即使贬值后进口量减少也不会引起进口国外价格的降低。否则，进口的国外价格必然降低，这在国内出口的供给弹性为零，出口价格不变时，必然会改善贸易条件。罗宾逊还指出，对一个出口产品在世界供给中占很大比重的农业国来说，对其出口无弹性的世界需求的缺欠足以被无弹性的国内供给所克服。而对一个具有很高国内供给弹性和很低国外需求弹性的国家来说，贬值必然使贸易条件严重恶化。

一国在世界市场上的重要性也会影响贸易条件。通常国家越小，汇率贬值引起世界价格的变动越小，贸易条件可能变动的范围也越窄。因为小国出口的供给弹性和对进口的需求弹性都是较小的，而国外对其出口的需求弹性和进口的国外供给弹性都是较大的，它们的作用可以相互抵消，因而贸易条件的变动不大，对世界价格变动的影响也较小。而大国在实行汇率贬值时，其贸易条件可能要比小国发生更大的恶化。因为对于大国来说，虽然进口的国外供给弹性未必很大，但国外对其出口的需求弹性较之小国要小得多。同时，只有大国的贸易条件才可能发生有利的变动，因为大国的出口供给弹性尽管很大，但是只有大国才能对其进口产品的世界价格施加更有力的影响，对进口表现出更大的需求弹性。

罗宾逊以后，关于贬值对贸易条件的影响有过很多争论。

马克卢普（Machlup, 1956）曾列举了 1945 年到 1955 年期间十五篇相关文献，尽管观点不尽相同，但大多数都认为贬值通常会恶化贬值国的贸易条件[①]。对罗宾逊观点提出质疑的主要是欣肖（Hinshaw, 1951），他认为对一个大国来说，可以推断，"该国在它购买的国际交易商品的世界需求方面，会产生同在它出售商品的世界供给方面同样重要的影响的"。例如像美国这样的大国，出口比进口更加多样化，这部分是由于美国进口中单一商品咖啡占有很大份额的缘故，因而美国在世界出口中所占的加权商品份额实际上与它在世界进口中所占的份额一样多。英国、日本和大多数西欧主要贸易国的情况也与美国相似。因此，罗宾逊关于贬值通常会恶化贸易条件的结论对于像美国这样的主要工业国家是不适用的。

米凯利（Michaely, 1962）在"国际贸易中的集中"一文中对贬值的贸易条件影响问题作了进一步研究。他认为，罗宾逊的观点可以理解为一国出口的商品集中程度通常比进口更高，各国占世界出口的加权商品份额比占世界进口的份额更大，所以，国外对出口的需求弹性低于进口的国外供给弹性。米凯利对此还提供了经验证据。[②] 但是，在欧美等一些主要工业国家，进口商品的集中程度确实比出口高，或略弱一些，因而这些国家占世界出口的加权商品份额比占世界进口的相应份额要低，或略高，认为这些国家汇率贬值会导致贸易条件恶化

---

① 其中有 10 篇文章认为贬值会恶化贸易条件，1 篇认为贬值对贸易条件不发生影响，4 篇认为贬值对贸易条件的影响视具体情况而定（Machlup, 1956）。

② 在所调查的 44 国家中，有 39 个国家出口商品比进口商品的集中程度高。

的推断是没有依据的。"虽然罗宾逊的观点作为一般法则是正确的，但对世界上大多数大贸易国来说却不适用，而人们在讨论贬值时可能主要指的是这些国家"（Michaely, 1962, P. 51）。米凯利还认为，尽管许多国家出口商品高度集中，但多数国家在世界出口中所占的份额很小，因而国外对每一个国家出口商品的需求弹性还是很高的。贬值造成的"贸易条件变化的程度是如此地不显著，以至于这变种文化的方向是无关宏旨的"（Michaely, 1962, P. 51）。

赫勒（Heller, 1974）在《国际货币经济学》一书中接受了罗宾逊的观点，认为贬值后贸易条件恶化的可能性随供给弹性的增大，需求弹性的减少而增加，这种贸易条件的恶化可以称为贬值的贸易条件成本。讨论贬值的贸易条件成本对我们比较贬值与其他可供选择的调节政策成本，以决定是否采用汇率调节手段是十分重要的。赫勒根据罗宾逊的公式推导出了贬值的贸易条件成本公式[①]，并把有关进出口需求弹性的资料代入这个公式，计算出 1951—1966 年间主要资本主义国家为消除一美元逆差实行贬值所要付出的贸易条件成本。根据计算的结果，赫勒得出结论："可以推测，高调节成本国家比低调节成本国家更不愿意采用汇率变动作为消除逆差的手段。另一方面，如果这些国家用汇率升值的办法来医治国际收支顺差，将有幸获得可观的收益"（Heller, 1974, P. 104）。

[①]　赫勒的公式是 $\dfrac{\mathrm{d}TOT}{\mathrm{d}B} = -\dfrac{1}{\delta IM + \delta EX - 1}$，其中 $\dfrac{\mathrm{d}TOT}{\mathrm{d}B}$ 表示贸易成本，δIM 和 δEX 分别表示对进口和对本国出口的需求弹性。

实际上，汇率贬值并不必然导致贸易条件恶化，贬值引起的贸易条件变化既可能与贸易收支的变化反方向运动，也可能同方向运动，视具体的供给弹性而定。斯特恩（Stern, 1973, 62-69）根据米德的分析把这种关系概括为下表：

表 2-1-1　贬值对净贸易条件和贸易收支影响效果摘要

需求弹性	供给弹性	对净贸易条件影响	对贸易收支影响
两者皆高且其和大于 1	两者皆高	略为恶化或改善[a]	改善
两者皆高且其和大于 1	两者皆低	改善[b]	改善
两者皆低且其和小于 1	两者皆高	恶化	恶化
两者皆低且其和小于 1	两者皆低	改善[b]	改善

a：取决于供给弹性之积大于或小于需求弹性之积。
b：如供给弹性小于需求弹性。

该表较为客观地描述了汇率贬值对贸易条件和贸易收支的影响，可以看作是对整个第一部分内容的概括和总结。应当强调的是，在国际贸易中，进出口商品的供给弹性通常是高于需求弹性的，因此，汇率贬值会恶化贬值国的贸易条件作为一个一般的结论被普遍接受。

第二节　弹性分析的演变

本节旨在探讨弹性分析的发展和演变过程，以便进一步了解弹性分析产生和发展的历史条件、理论和政策倾向的演变以及实证研究的进展。我们在第一小节探讨弹性分析的理论演变，第二小节探讨弹性分析实证研究的发展和演变，第三小节概述弹性分析的理论缺陷和其实践意义。

（一）弹性分析的理论演变

弹性分析最早可以追溯到 20 世纪 20 年代初，由英国经济学家比克戴克（Bickerdike, 1920）首次提出。第一次世界大战后，由于维持金本位制的一些必要条件遭到了破坏，金本位制陷入了崩溃的境地。战后初期，随着各国外汇管制的相继取消，外汇市场上出现了剧烈的波动。英国由于战后初期对原材料、食品进口的大量需求，国际收支经常项目出现了严重逆差，特别是由于战争期间英国政府为筹措军费而大量印发纸币造成的严重通货膨胀，使得英镑的对内价值与对外价格发生了严重偏离。随着 1919 年初英国货币管制的取消，英镑的美元价格急剧下跌，由 1919 年 2 月的 1 英镑兑换 4.76 美元下跌到同年 12 月的 3.81 美元。英镑汇价的下跌引起了人们的强烈关注，围绕外汇市场是否具有内在的稳定性问题，英国朝野上下展开了讨论。许多人开始怀疑英镑贬值对英国国际收支逆差的矫正作用，比克戴克的论文《外汇的不稳定性》就是这种疑虑的代表。

比克戴克在其论文中把马歇尔的供求弹性理论引入外汇市场，分析了战后初期汇率的不稳定问题。他认为，汇率贬值不仅不能医治贸易收支逆差，反而使逆差扩大，这除了对汇率进一步贬值的预期心理因素在起作用外，对进口需求缺乏弹性也是十分重要的因素。比克戴克还把进出口供求弹性对汇率变动的影响表达为数学公式①，其公式与后来罗宾逊和梅茨勒的公式大体相同，因而经济学界有时把梅茨勒公式称为"比克戴克-罗宾逊-梅茨勒公式"（Bickerdike-Robinson-Metzler Formula）。但是，比克戴克的结论是悲观的："关于许多国家不能兑换纸币的未来前景，重要的是要认识到，汇率高度的不稳定几乎是不可避免的"（Bickerdike, 1920, P. 118）。由于短期内国外较低需求弹性的作用，轻微的国际收支逆差就会导致剧烈的汇率波动。

比克戴克的悲观结论从理论上分析，是因为他忽视了短期内无弹性供给对汇率稳定性的影响，但从根本上说，则是第一次世界大战后国际货币关系的反映。"一战"后初期汇率的剧烈波动并不是英国一国的现象，整个欧洲大陆由于食物供给、原料、燃料的严重匮乏，出现了对进口的强烈需求，从而导致许多国家贸易收支出现巨额逆差。由于战争期间进口战略物资引起黄金外汇储备的大量流失，逆差的绝大部分只能靠资本内流来弥补，而在战后初期，这种资本内流则是由汇率贬值本身造成的。战争结束后，人们普遍认为，欧洲大陆出现的货币贬值纯粹是战后恢复时期由于调整经济需要而出现的暂时现象，这些货币迟早要回复到"一战"前的平价。由于这种心理预期的作用，贬值反而成了诱使资本内流的动因。但是，随

---

① 比克戴克的公式为：$\dfrac{-1}{\dfrac{1+\sigma}{d+\sigma}+\dfrac{1-\partial}{S+\partial}}$，$d, \partial$ 表示进出口需求弹性，δ, S 表示进出口供给弹性（Bickerdike, 1920, P. 120）。

着汇价的不断下跌，特别是各国政府实行赤字财政政策造成的国内物价上涨，资本内流的动力日益减弱，回复到"一战"前的平价已经越来越不可能。当人们意识到汇率的这种单向运动时，对汇价回复的预期变成了对汇率贬值的预期，贬值不仅失去了对国外资本的吸引力，反而触发资本外逃。随着资本的大量外流，外汇市场上的压力不断加大，汇价下跌得更加严重，这又进一步造成对货币信心的丧失和资本更大量的外流，加剧了汇价下跌，形成恶性循环。一种货币贬值常常成为另一种货币贬值的前兆，外汇市场出现了严重不稳定的局面[①]，比克戴克的悲观结论正反映了这一段历史插曲。

比克戴克后不久，马歇尔（Marshall, 1923）在《货币、信用和商业》一书中，把他的供求弹性理论应用到国际贸易领域，分析了国际贸易中供给和需求的一般关系和一国对进口的需求弹性问题，并阐述了在各种进口需求弹性条件下，供求变动对"相互交换率"（the rate of interchange），即汇率的影响。马歇尔认为，进行贸易的两国中，如果一国的进口需求发生了变化，汇率就会发生变化，其变化的程度取决于两国各自对进口需求的相对弹性。需求弹性大，汇率的变动就小，需求弹性小，汇率的变动就大。如果假定"各国需求的全部弹性小于1，平均小于1/2"，较小的失衡就足以引起较大的汇率变动（Marshall, 1923, P. 354），换一个角度说，贬值对一国的贸易收支就会产生不利的影响。马歇尔的这些观点，为弹性分析

---

① Loveday(1944, P. 113)描述了两次世界大战之间外汇市场的动荡局面。

的产生和发展奠定了理论基础。

　　"一战"后建立的国际金汇兑本位制是一种削弱了的金本位制，它经受不住资本主义经济危机的冲击，在 20 世纪 30 年代大危机中陷入了彻底的崩溃，国际金融市场出现一片混乱，掀起了竞争性货币贬值的浪潮。这种竞争性的货币贬值对当时各国的国际收支和严峻的失业问题究竟会产生什么样的影响，人们对此极大关注。罗宾逊夫人（Robinson, 1973）在《就业理论论文集》中，全面系统地阐述了汇率调节的弹性理论，得出了与比克戴克大致相同的结果。但她更加强调被比克戴克忽视了的，当一些初级产品国外需求弹性较低时，低出口供给弹性对外汇市场稳定性的影响。

　　40 年代初，布朗（Brown, 1942）在"贸易差额与汇率稳定"一文中得出了与比克戴克和罗宾逊相同的结果，但他的观点是乐观的。布朗认为，由于英国在国际市场上与其他国家之间激烈的竞争，贬值可以使它从竞争对手里夺走消费者，因而国外对英国的出口具有较高的需求弹性。对一个小国或出口占世界市场很小份额的国家来说，由于国外对其产品较高的需求弹性，贬值通常可以改善国际收支。布朗指出，仅仅考虑到两个国家的汇率稳定性讨论含有悲观的倾向，如果考虑到世界经济是由许多国家组成的，汇率稳定的可能性会更大。其实，布朗的这种观点早在 20 年代和 30 年代就有人提出过，格雷厄姆（Graham, 1923, 1932）曾指出，两个国家，两种商品的古典贸易模型（2×2 模型）夸大了汇率的不稳定性，由于国际贸易中多种类商品的交换，多个国家的参与，汇率波动会由于各国产品之间的相互替代而局限于一个狭小的范围。

勒纳（Lerner，1946）在《控制经济学》一书中，从福利经济学的角度发展了汇率调节的弹性理论，阐述了贬值改善一国贸易收支的具体条件，概括出汇率变动对贸易收支影响的弹性临界值。勒纳的理论与其说是对琼·罗宾逊思想的发挥，不如说是在马歇尔理论基础上的直接发展，正因为如此，他关于汇率贬值改善一国贸易收支的条件被称为马歇尔-勒纳条件。不仅如此，由于勒纳关于供给弹性无穷大的假定使问题得到简化，更具有实用性，经济学教科书中关于弹性分析的叙述通常以马歇尔-勒纳条件为蓝本。

梅茨勒（Metzler，1948）在"国际贸易理论"一文中也系统地阐述了弹性分析的主要内容，但他的结论是悲观的。梅茨勒从批判格雷厄姆夸大供给方面的替代效应所产生的稳定性影响入手，从理论和实践两个方面论证了这种替代效应不足以抵消低需求弹性的不稳定影响。梅茨勒认为，许多国家和许多商品的存在并不能稳定外汇市场，竞争本身也不能确保外汇市场的稳定。正是由于许多国家在国际市场上的竞争，一国贬值带来的贸易收支改善常常以恶化其他国家的贸易收支为代价，这就会引发其他国家的汇率贬值，这种竞争性的汇率贬值，会使该国贬值带来的好处化为乌有。梅茨勒还用30年代大萧条时期的实际经历证明，格雷厄姆的替代效应是迟钝的，并不能及时抵消低需求弹性的不利影响，"因而在短期内（甚至可能长到五年至十年），即便世界上有很多国家竞争，低需求弹性可能是外汇市场不稳定的重要根源"（Metzler，1948，P.232）。

梅茨勒还进一步指出，两次大战之间汇率波动的经历和汇率稳定性理论本身都清楚地表明，短期内汇率调节不可能成为矫正国际收支失衡的有效手段，如果对出口的需求缺乏弹性，货币贬值会对国际收支产生无足轻重的甚至是不利的影响，除非无弹性的进口需求与无弹性的出口供给同时存在。但即便后一种情况存在，贸易收支弹性也可能很小，为消除轻微的逆差须要以巨大的汇率波动为代价，因而外汇市场是不稳定的。但是梅茨勒认为，如果考察长期效果，汇率调节不失为消除贸易收支逆差的有效手段。因为在长期内，生产者有足够的时间调整其生产和出口，消费者有充分的机会调节他们的支出以适应国内外相对价格的变动，因而进出口的供求弹性是很大的，汇率变动终将对一国的贸易收支产生重大的影响。"今天我们面临的问题是在坦率地承认短期调节局限性的同时，如何维护汇率调节的长期地位"（Metzler, 1948, P. 233）。

20 世纪 50 年代初，马克卢普（Machlup, 1950）在"国际贸易中的弹性悲观主义"一文中，对汇率调节的弹性临界值问题作了进一步探讨，认为传统的弹性分析高估了贬值所需要的临界值，这主要是它两个不适当的假定造成的。弹性分析的第一个假定是进出口供给弹性无穷大。马克卢普指出，除进出口的需求弹性为零或 1 时，供给弹性的大小无关紧要外，供给弹性与需求弹性的组合是贬值对贸易收支影响的决定性因素。当对出口或进口的需求弹性大于 1 时，无穷大供给弹性的假定夸大了贬值对贸易收支的有利影响，当对出口或进口的需求弹性小于 1 时，无穷大供给弹性的假定又低估了贬值对贸易收支的影响。马克卢普还指出，由弹性临界值要求进出口的需求弹性之和等于 1 可知，贬值欲改善贸易收支，对进口或出口的需求弹性要求是小于 1 的，但这个临界值以供给弹性无穷大为假定前提，而现实世界的供给弹性是小于无穷大的，所以，贬值改善贸易收支所需要的弹性临界值应当小于 1。"即使两种需求弹性加起来小于 1，贬值仍然可以改善贸易收支"（Mach-lup, 1950, P. 56）。

弹性分析的第二个假定前提是贬值前贸易收支平衡。马克卢普认为，如果贬值前贸易收支处于逆差状态，情况就不同了。他用一个数字的例子加以说明：假定意大利里拉贬值前出口 1 亿美元的商品，进口 2 亿美元的商品，进出口商品的供给弹性都为无穷大，如果国外对意大利出口的需求弹性为 0.4，那么意大利对进口的需求弹性只需高于 0.32，里拉贬值就可以改善意大利的贸易收支。因为在国外对出口的需求弹性为 0.4 的情况下，10% 里拉贬值会导致出口量增加 4%，这样一来，相当于以前 104% 的出口实物量按相当于 90% 的价格出售仅会得到相当于以前 93.6% 美元的出口值，出口值减少了 6.4%。欲维持贸易收支不变，进口也应当减少同样的绝对值，由于贬值前进口值为 2 亿美元，相当于出口的两倍，所以进口值只需要减少 3.2% 就足够了。10% 的进口价格增加伴之以 3.2% 的进口量减少意味着对进口的需求弹性为 0.32，它与 0.4 的对出口的需求弹性一起构成了 0.72 的弹性临界值，只要进出口需求弹性之和超过 0.72，贬值就可以改善贸易收支。于是，马克卢普得出结论，贬值前一国的贸易逆差越大，贬值所需要的弹性临界值就越小；如果再把供给弹性小于无穷大的情况考虑进去，所需要的弹性临界值会更小。

实际上，马克卢普的分析并没有超出罗宾逊理论的框架，他无非把罗宾逊的分析具体化了。马克卢普指出了马歇尔-勒纳条件对弹性临界值的高估，等于进一步强调了汇率的调节作用。但从理论上看，与其说他的分析是对马歇尔-勒纳条件的发展，倒不如说是退步，因为他把弹性临界值变成了不确定的东西，因而他的观点没有引起多大反响，人们仍然把进出口需求弹性之和等于 1 作为弹性临界值。然而，从汇率政策制定的角度看，马克卢普告诫政策制定者不要盲目、机械地运用单一的弹性临界值，应当充分考虑到本国进出口供给弹性的具体情况，特别是贬值或升值前本国贸易收支是顺差还是逆差，得出具体的弹性临界值，显然具有重要的实践意义。

（二）弹性悲观论与弹性乐观论的论战

由于进出口商品的需求弹性之和是否大于 1 是贬值能否改善贸易收支的关键，20 世纪 40 年代末期以来，弹性分析的发展主要是围绕弹性临界值的实证考察和研究展开的。

"二战"后初期，一些经济学家对两次大战之间各国进出口商品的需求弹性进行了实证考察。他们的考察结果表明，在整个 20 和 30 年代，主要资本主义国家对进出口商品需求的价格弹性是低的，马歇尔-勒纳条件得不到满足，因而汇率贬值并不能改善一国的贸易收支，这就是所谓的"弹性悲观主义"（elasticity pessimism）。这时期比较有代表性的文献是欣肖

（Hinshaw, 1945）和艾德勒（Adler, 1945）于 1945 年先后发表的两篇论文。欣肖在其"美国的繁荣与英国的国际收支问题"一文中分析了影响美国进口的因素，认为美国国民收入的变动与进口密切相关，而进口价格水平变动对进口的影响是较小的。欣肖用统计图表说明，20 世纪 20 年代美国的进口值与国民收入高度相关时，进口价格也与国民收入高度相关；30 年代美国的进口值与国民收入低相关时，进口价格也与国民收入低相关。这表明在国民收入水平一定时，进口价格高，进口值也高，进口价格低，进口值也低，因而可以推断，美国对进口需求的价格弹性是小于 1 的。由于国民收入变动的强烈影响，进口价格和进口量的相关系数甚至为正值（+0.32）。如果剔除国民收入变动对进口量和进口价格水平的影响，进口量与进口价格则是负相关的，其局部相关系数为−0.92；如果剔除进口价格水平变化对进口量和国民收入的影响，进口量与国民收入的局部相关系数为+0.97。欣肖还描绘了美国的进口需求曲线，估算出进口需求的平均价格弹性为 0.48（Hinshaw, 1945, P.3）。

艾德勒在"两次大战之间美国对进口的需求"一文中，考察了 1922 年到 1937 年间美国的进口需求问题。他认为，美国的国民收入水平是影响进口的最重要因素，需求的收入弹性接近于 1，而进口价格对进口需求的影响是较小的，对免税进口的需求价格弹性大致在 0.3 到 0.5 之间（Adler, 1945, P.427）。张自存（Change, 1945, 1948）在这期间先后发表了 5 篇论文，对世界各主要贸易国进口需求的价格弹性进行了深入细致的研究。他也认为，由于进口量变动主要受收入变动的影响，各国对进口商品需求的价格弹性是低的。弹性悲观论在 20 世纪 40 年代颇为流行，受这种观点的影响，许多国家对相对价格机制失去了信心，宁愿采用直接管制的办法来调节国际收支，而不愿使用汇率调节手段。

20 世纪 40 年代末 50 年代初，一些经济学家对弹性悲观论进行了猛烈的抨击。他们认为，悲观论者在实证研究时，因采用的计量技术方法的错误等原因，低估了价格弹性，实际上，两次世界大战期间进出口商品的价格弹性是高的，马歇尔-勒纳条件可以满足，这就是所谓的"弹性乐观主义"（elasticity optimism）。最先对悲观论提出挑战的是丁伯根（Tinbergen, 1946），他在"替代弹性的测量"一文中，对当时荷兰中央统计局有关价格弹性的统计测量及其悲观结论进行了剖析，认为许多国家进出口的数量比率和价格比率有很高的相关性，"汇价轻微的减少就足以恢复国际收支的失衡"（Tinbergen, 1946, P. 110）。

对悲观论给予致命打击的是奥克特（Orcutt, 1950），他在其著名的论文"国际贸易中价格弹性的测量"中，对以往弹性估计中的计量经济技术方法进行了系统的分析，认为这些价格弹性的统计估计是不可靠的，用这些估计来预测贬值的作用必然导致对贬值作用相当程度的低估，这种低估来源于对弹性值的低估。奥克特认为，造成这种低估的原因主要有五点。

第一，"两次大战之间需求平面移动造成的错误和偏向"，或称"联立方程偏倚"（simultaneous equation bias）。奥克特用下图加以说明。Q' 代表不依收入变动的进口量的变动，P' 代表不依收入变动的进口价格的变动。如果进口需求曲线在 DD 和 $D'D'$ 之间随机位移，进口供给曲线在 SS 和 $S'S'$ 之间随机位移，则供给曲线和需求曲线的各个交点会随机地散布在图中的平行四边形内。如果按这些点的水平方向设置一条曲线 EE，使偏差的平方和最小，则 EE 曲线的斜率会比真正需求曲线的斜率更陡，用 EE 曲线测度的弹性值显然比真正需求曲线的弹性值要小，而 EE 曲线恰恰是用以往统计技术所得到的曲线。如果需求曲线的移动大于供给曲线，就会得到近于供给曲线的统计曲线；如果需求曲线的移动小于供给曲线，则可得到近于需求曲线的统计曲线。如果进口需求曲线和供给曲线同时位移，即使对进口的真正需求弹性很大，统计观测点也会落在弹性较小的 EE 曲线上。两次大战之间由于人们的偏好和

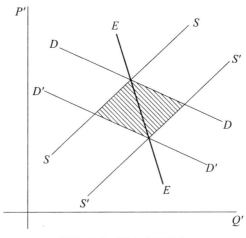

图 2-2-1　联立方程偏倚

生产技术诸因素的变化，使得需求曲线和供给曲线同时位移，因而估计到的进口需求弹性值远远低于实际弹性值。

第二，"观测误差造成的错误和偏向"。如果观测误差仅限于数量变量，价格变量无观测误差，统计方法可以得到需求曲线的无偏估计值。如果观测误差仅限于价格变量，进口量的数值是准确的，统计方法得到的需求曲线会比真实需求曲线更陡，其陡峭程度取决于观测误差与价格变动范围的对比。如果真实需求曲线的弹性为无穷大，价格就不会发生变动，但观测到的资料却没有反映出这种情况，这就可能得到近于零的弹性估计。因为既然真实价格没有变动，需求量也不会发生变动，但错误的统计观测却以为价格变动了，需求量却没有随之变动，以至于得出弹性为零的结论。

第三，"历史上价格和量的指数以不同的价格弹性反映商品价格的变动"，这一点后来被概括为"总量问题"（aggregation problem）。奥克特指出："历史上进口价格指数中绝大多数价格的变动是由那些低需求价格弹性商品的价格变动造成的。既然这些价格变动仅与较小的数量调节相联系，因而对全部进口价格弹性的估计会是低的"（Orcutt, 1950, P. 125）。换句话说，由于两次大战之间高需求价格弹性商品的价格变动较小，低需求价格弹性商品的价格变动较大，仅仅计算总量价格弹性等于提高了低需求价格弹性商品的权数，从而导致对价格弹性的低估。艾本斯和米金（Imbs and Mejean, 2015）进一步探讨了造成这种总量问题的原因——异质性偏向（heterogeneity bias），即总量数据限制了贸易弹性的微观经济异质性。由于价格变动通常发生在无弹性的贸易部门，这种约束或限制会使弹性估计趋于零，尽管事实上许多贸易部门商品的价格弹性较大。美国贸易弹性的两个著名研究结果显示，美国的总量宏观贸易弹性为-1.75，而跨部门的平均宏观贸易弹性为-5。[①]

第四，"估计的是短期价格弹性而不是长期价格弹性。"进出口供给量和需求量对价格变化做出反应是需要时间的，因而短期价格弹性低于长期价格弹性。奥克特指出，由于当时的统计估计是以当期进口量（年平均）和当期价格（年平均）的相关关系为基础的，如果部分量的变化在价格变动后若干年内才会出现，这种当期的比较就会在很大程度上低估价格变动对进口需求量的实际长期影响。

第五，"进出口需求的价格弹性对大的价格变动要比对小的价格变动大得多"，这一点后来被概括为"量的影响"（quantum effects）。奥克特认为，需求量对小的价格变动是缺乏弹性的，而对大的价格变动来说弹性比较大。这是因为，进口消费者从一种供给来源转到另一种供给来源是要付出代价的，这些代价既有心理方面的，又有经济方面的；生产者建立新的贸易联系或更新机器设备和技术以适应进口产品需求的变化也是要花费成本的。因而人们对小的、暂时的价格变动往往

[①] 艾本斯和米金（Imbs and Mejean, 2015）还总结了现有文献对无弹性产品价格呈较大和系统性波动的原因的探讨。第一，在不完全竞争状态下，生产高弹性产品的企业，通常选择改变成本加价的办法来限制成本震荡对价格的影响，因而高弹性产品的价格较为稳定。第二，由于关税通常会在高弹性部门造成大的扭曲，政策制定者趋于对无弹性或低弹性产品征收高额关税，从而造成了较大的价格差异。

不予理睬，只有当价格变动带来的差异至少可以弥补转移成本时，转移才会发生。不仅如此，只有大的价格变动才会导致新产品进入国际贸易领域。由于两次大战之间进出口商品价格变动的范围比较小，因而这期间需求的价格弹性呈现偏低倾向。

马克卢普（Machlup, 1950）也对弹性悲观论进行了批判。他一方面论证了对贬值改善贸易收支所要求的弹性临界值的高估，另一方面指出了经验研究中不适当的技术方法导致的对实际价格弹性的低估。马克卢普对以前统计技术方法的批判与奥克特大体相同，但他进一步指出："过去的弹性估计即使是正确的，对完全变化了的条件来说也是不恰当的，……我们一定要避免运用过去的'恒量'和'系数'去预测未来经济变量的天真信条"（Machlup, 1950, P. 68）。

哈勃格（Harberger, 1953）在"对进口需求问题的结构分析"一文中也对当时流行的弹性悲观论进行了分析和批判，他在1957年的另一篇文章中，对两次大战之间价格弹性测量中的困难作了总结，并进一步揭示了导致弹性低估的四点原因。哈勃格还运用当时的统计资料，剔除了收入变动对进口需求的影响，计算出各国对进口需求的价格弹性，从而得出"在国际贸易中价格机制普遍有力地发挥作用"的结论（Harberger, 1957, P. 520）。

整个20世纪60年代和70年代，人们对进出口商品的价格弹性进行了大量的实证考察和研究，由于不同程度地克服了奥克特等人指出的错误和偏向，乐观派的观点占了上风。这时期大约发表了15篇持弹性乐观观点的文章，在他们建立的计量经济模型中，主要资本主义国家进出口商品的需求价格弹性值都是很可观的。马吉（Magee, 1975）在"价格、收入和对外贸易"一文中把这些主要研究成果概括见表 2-2-1。

可见，奥克特以后，特别是 20 世纪 60 年代以来，经验研究文献中估算的价格弹性趋高，出现了"奥克特化"（Orcuttization）偏向。于是，一些经济学家对奥克特的主要观点作了修正。马吉（Magee, 1975）把这些修正意见加以概括，认为奥克特提出的"联立方程偏倚"和"总量问题"尽管重要，但是，"继续强调联立方程问题的一个最大危险是使研究人员有时错误地得出结论：任何增加国际需求价格弹性估计值的适当说明都是向正确的方向迈出一步"（Magee, 1975, P. 204）。马吉还指出，奥克特关于价格变量本身的观测误差会使价格弹性趋于零的观点只有在数量变量误差与价格、收入变量误差不相关的假定下才成立，但在许多经验研究中，进口需求方程式中作为因变量的数量变量是用随机误差的进口价格变量去除进口值得到的，因而数量变量误差与价格变量误差是负相关的。在这种情况下，估计的进口价格弹性就会偏向 1 而不是零。尽管贬值对贸易收支的影响存在着"时滞效应"，但如果购买是为存货进行的，短期弹性就会大于长期弹性。马吉还引用新西兰的例子证明，汇率贬值会在短期内增加贸易差额，长期内恶化贸易收支。关于量的影响，马吉也提供了经验上的反例。

马吉根据这些修正，同时概括了麦克杜格尔（MacDougall, 1952）等文献的主要观点，针对奥克特的五个问题，指出

表 2-2-1　按国计算的全部贸易价格弹性①

国别	价格弹性 进口			价格弹性 出口		
	LINK*	Houthakker-Magee**	Hickman-Lau***	LINK*	Houthakker-Magee**	Hickman-Lau***
比利时	-0.20	-1.02	-0.65	0.00	0.00	-1.02
加拿大	-1.98	-1.46	-1.59	-0.59	-0.59	-0.84
法国	n. a.	+0.17	-0.39	n. a.	-2.27	-1.09
意大利	-0.95	-0.13	-1.03	-0.72	-0.03	-0.93
日本	-0.17	-0.72	-0.81	-2.38	-0.80	-0.49
荷兰	-0.41	+0.23	-0.02	-2.39	-0.82	-0.95
瑞典	0.00	-0.79	-0.76	-1.92	0.00	-1.99
英国	0.00	+0.22	-0.22	-0.71	-0.44	-1.27
美国	-0.52	-0.54	-1.05	-1.44	-1.51	-1.38
西德	-1.21	-0.24	-0.61	-1.68	0.00	-1.04

n. a: 无可用资料。
资料来源：（Magee, 1975, P. 180）。
＊ The International Linkage of National Economic Models, edited by R. Ball, Amsterdam: North-Holland, 1973.
＊＊ Houthakker, H., and S. Magee, "Income and Price Elasticities in World Trade," Review of Economics and Statistics, 1969, 51 (2): 111-125.
＊＊＊ Hickman, B., and L. Lau, "Elasticities of Substitution and Export Demands in a World Trade Model," Research Memorandum No. 141, Stanford University, Research Center in Economic Growth, 1973.

① 删掉了原表中收入弹性部分。

了经验统计研究中对弹性值高估的八种情况。他最后得出结论：对价格弹性的估计既可能偏低也可能偏高，取决于当时的具体情况和所使用的技术。经验研究中的"奥克特化"则"更多地在于心理方面而不是技术方面"。"奥克特提出了价格弹性估计只能是偏低的设想，如前所述，这就导致了在资料的搜集、说明的选择和滞后模型的使用中扩大价格系数的努力。当价格系数最大化成为统计接受度的重要标准时，我们就会陷入对奥克特的低估原因过度补偿的危险"（Magee, 1975, P. 218）。

　　需要指出的是，即使克服了"奥克特化"偏向，20 世纪 50 年代以来进出口商品的价格弹性也会高于两次大战之间，特别是后来的一些研究成果表明，价格弹性有增高的趋势。其原因主要有两点。第一是世界贸易商品结构的变化。两次世界大战之间国际贸易商品结构中初级产品所占的比重比较大，工业制成品的比重比较小，而初级产品，特别是一些原材料、生活必需品的价格弹性是很低的。"二战"后，特别是 20 世纪 60 年代以来，由于受第三次科技革命的影响，贸易结构中工业制成品的比重日益增加，而工业制成品的价格弹性是比较高的。一些国家的工业化，特别是一些新独立的发展中国家不断地改变其不合理的殖民经济结构，大大提高了出口产品中制成品的比重，这是导致战后进出口商品价格弹性高于战前的重要原因。第二，"二战"后，世界市场上的竞争日趋激烈，特别是第三次科技革命中大量替代商品的出现，使得一些原本弹性较低的商品，价格一有上升，人们就会转而购买其替代品或向其他国家购买同类或类似产品；价格一有下降，人们就会转回来购买这种商品，需求对价格的反应表现得更为敏感，这是战后进出口商品价格弹性增高的另一个重要原因。

第三节 弹性分析的理论缺陷和实践意义

（一）理论缺陷

应当指出，对弹性分析做出重大贡献的许多学者不同程度地克服了马歇尔-勒纳条件的缺陷。比如，罗宾逊夫人在系统分析了贬值的初级价格效应后，还探讨了贬值引起的收入和利率变动对国际收支的影响、资本账户的作用、国外的反响以及贸易结构对价格弹性的影响。但是，由于马歇尔-勒纳条件在学术界的影响较大，这里对弹性分析理论部分的评析集中于马歇尔-勒纳条件。

1. 假定前提

弹性分析的第一个假定前提是小于充分就业，由此直接导出供给弹性无穷大或近于无穷大的假定。这种假定仅仅符合萧条时期有大量的闲置资源，进出口供给基本上可以在成本不变的条件下扩大或缩小的情况。但是，在经济周期的复苏和高涨阶段，这种假定就不合适了。并且由于许多产品的资源是有限的，除规模经济成本不变的情况外，大多数产品的成本会随着产量的扩大而递增，从而在很大程度上抵消了贬值的初始价格效应。罗宾逊（Robinson, 1966）本人也对充分就业条件下贬

值的作用持怀疑态度："在许多行业存在着失业和未被利用的
生产能力的情况下，贬值会立刻增加活动和改善贸易收支。但
是，当已经接近充分就业时，贬值只不过会增加劳动需求的压
力。而进口价格的上涨又会增加更高的货币工资率的压力，以
至于较低国内成本的竞争优势很快就会完全消失"。所以罗宾
逊认为，她关于汇率贬值对贸易收支影响的分析在接近充分就
业的情况下，会"极为误导"（Robinson, 1973, P. 175）。

　　弹性分析的第二个假定前提是贬值前贸易收支处于平衡状
态。通常汇率贬值的目的并不在于创造贸易收支顺差，而是为
了消除已有的逆差，既然贸易收支已经平衡，就没有贬值的必
要了。而如果把贬值前贸易收支逆差的情况考虑进去，就需要
按马克卢普（Machlup, 1950）的思路，对马歇尔-勒纳条件做
必要的修正。

　　弹性分析的第三个假定前提是国际收支只包括经常账户中
的有形贸易，没有考虑贬值对劳务进出口和资本移动的影响。
如果说在历史上劳务进出口和资本项目在国际收支中的地位远
逊于今天的情况下，这种假定还能说得过去的话，那么，在无
形贸易占经常账户的比重日益提高，资本流动，特别是短期资
本流动在国际收支调节中的作用日益重要的今天，忽视贬值对
劳务和资本流动的影响，不能不说是一个重大的不足，这也是
后来弹性分析招致货币分析批评的一个重要原因。

　　2. 局部均衡方法

　　国际收支是个宏观经济现象，它与整个国民经济的运转密
切相联，弹性分析用局部均衡方法来研究总体经济问题，必然

会有很大的局限性。所谓局部均衡就是假定"其他条件不变",只考察汇率变动直接引起的相对价格变动给贸易收支带来的影响。为探讨汇率变动对贸易收支的初始价格效果,这种局部均衡方法具有一定的作用,但作为一种国际收支理论,它应当考察汇率变动对国际收支的全部经济效果,这种假定显然不足,它假定不变的其他条件实际上都是在不断变化的,不同程度地影响着国际收支。

首先,国民收入是影响贸易收支的重要因素。汇率变动不仅引起相对价格变动,还会引起国内外收入的变动,对贸易收支产生重要的影响。人们后来批评弹性分析的主要问题就是它忽视了贬值的收入效应。不仅收入的绝对变动会影响一国的贸易收支,贬值引起的收入再分配效应也会影响贸易平衡,国民收入水平及其在各阶级间的分配状况是决定需求,包括进出口需求的重要因素。

其次,弹性分析只考察汇率变动的初始价格效果,没有考察价格变动的波及效果。汇率贬值会使一国进口商品价格上涨,如果进口商品是最终消费品或用来生产消费品的资本货物,这种上涨会提高本国产品中的工资成本;如果进口商品是国内生产部门使用的原料和中间产品,这种上涨又会提高本国产品中的非工资成本。对进出口贸易额占国民经济很大比重的国家来说,这种上涨会触发国内的通货膨胀,抬高出口产品的成本和价格,使贬值带来的初始价格效果在很大程度上消失。

最后,弹性分析还假定利率不变,没有国外的反响效果。实际上,汇率和利率这两套价格是相互联系和相互影响的。汇率贬值引起的利率变动会诱发资本的内流或外流，改善或恶化一国的国际收支。贬值作为一种外汇倾销政策通常会引起国外的报复，使得贬值对贸易逆差的疗效不很明显，甚至还会出现贸易收支恶化的情况。20 世纪 30 年代竞争性的货币贬值给国际贸易造成的损失，以至于人们至今对贬值的后果仍心有余悸。

3. "时滞"因素

汇率贬值后，进出口量的实际变动对相对价格变动做出反应是需要一定时间的。贬值引起进口价格上涨，但进口需求量并不一定立即减少，因为消费者和厂商都需要一定的时间来调整其进口构成，需要一定的时间来寻找合适的替代品。时间因素对供给的影响更大，因为许多产品的生产有一定的周期，贬值引起相对价格变动后，进出口供给的扩大和缩小需要更多的时间，新的出口生产部门的建立，旧部门的停产、转产需要的时间更长。因此，进出口商品的供给弹性和需求弹性随时间的长短而不同，弹性分析集中于汇率变动短期效果的分析，没有充分地考虑到时间因素。鉴于这种不足，20 世纪 60 年代中期以来，许多经济学家对汇率变动影响效果中的时间因素进行了研究，他们认为，即使马歇尔-勒纳条件能够满足，国际收支失衡现象在汇率变动后仍然需要一段时间间隔后才能纠正，这段时间间隔叫做"时滞"。以出口为例，贬值后以外币表示的出口价格虽然下降了，但国外的需求未必立即增加，国内的出口供给短期内也难以迅速扩大，以至于贬值后初期出口贸易可能出现恶化的情况。只有经过一段时间后，供给和需求对价格的反应才会逐渐表现出来，出口量的扩大才能逐渐抵消出口价格降低的影响，使出口值得到增加。这种"时滞"现象可以用 J 曲线表示。

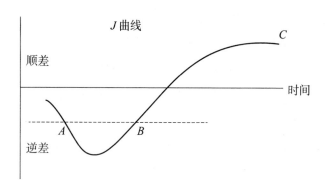

图 2-3-1　J 曲线效应

朱恩茨和罗姆勃格（Junz and Rhomberg, 1973）曾研究了造成这种"时滞"的原因，区分了五种不同类型的"时滞"。他们的研究显示，价格变动引起的贸易量变动 50% 是在前三年发生的，90% 是在前五年发生的，通常的"时滞"为五年（不包括贬值的年份），而在第三年，贸易量的变动幅度为最大。海埃恩（Heien, 1968）则考察了许多国家的"时滞"结构。然而，引进时间因素，观察汇率变动的长期效果，会受到更多其他因素的干扰，更加难以准确地测量相对价格变动的作用，考察的时间越长，这种困难就越大。

（二）长期流行的原因及其实践意义

自 20 世纪 20 年代初比克戴克首次研究进出口商品的价格弹性以来，国际经济学界对弹性分析的理论研究和实证考察已有近 100 年的历史。尽管弹性分析在理论上有若干缺陷，在实践中也存在着诸多问题，并不断地受到来自吸收分析和货币分析的批判，但它在国际收支理论中仍然占居重要的地位。作为一种汇率变动的短期分析方法，弹性分析关于汇率贬值对国际收支逆差矫正作用的研究在国际经济学教科书中已成定论。吸收分析和货币分析对它的批判主要是针对它的一些假定，局部均衡方法，特别是它忽视了收入和货币因素的作用，弹性分析关于相对价格变动对贸易收支影响的研究，他们还是程度不同地予以承认的。弹性分析之所以在国际经济学界长期流行，我认为主要有以下几点原因。

首先，弹性分析迎合了自由贸易的主张。弹性分析是浮动汇率的产物，它集中考察了相对价格变动对国际收支失衡的自动矫正作用。虽然在固定汇率制度下，汇率的法定贬值是一种政策干预手段，但较之直接管制政策，它更倾向于通过价格机制自身的作用来维持外部均衡。由于多数国际经济学家都是自由贸易论者，崇尚市场机制的作用，弹性分析自然在学术界得到肯定。

其次，弹性分析适应了各国政府政策制定者的需要。弹性分析倡导支出转移政策，强调汇率的调节作用，其初衷就是为了找到一种既能扩大国内就业又能维持外部均衡的办法，以缓解西方国家内外政策目标之间的冲突。较之支出减少政策，它可以在一定程度上减轻对内政策目标服从对外政策目标所造成的国内紧缩和失业的压力，因而博得了各国政策制定者的青睐和一些国际经济组织的重视。鉴于 20 世纪 30 年代竞争性的汇率贬值给国际经济关系造成的混乱，国际货币基金组织规定，只有在国际收支发生"根本性不均衡"时，才允许用汇率变动的办法来调节，这一规定本身就暗含着汇率贬值对国际收支"根本性不均衡"的调节作用。随着战后国际货币危机的不断深化，越来越多的国家乞灵于汇率贬值来解决国际收支问题。据统计，从布雷顿森林会议到 1970 年底，仅货币的法定贬值就有 200 多次（Leliche, 1982, P. 489）。布雷顿森林体系崩溃后，各种"管理浮动"、"肮脏浮动"花样翻新，汇率贬值作为外汇倾销手段，构成了"二战"后资本主义汇率战和货币战的主要内容。

　　最后，弹性分析具有重要的实践意义。弹性分析在其最简单的形式上，假定供给弹性无穷大，这就克服了统计测量中的联立方程偏倚；由于供给弹性比需求弹性更难估算，这一假定又使它具有更大的实用价值，易于为政策制定者所接受。更重要的是，许多国家用汇率贬值方法调节国家收支取得了一定的成效。正是由于这些原因，弹性分析近 100 年来一直为经济学家推崇，成为众多国家制定汇率政策的重要理论依据。

第三章　凯恩斯主义国际收支理论
——收入调节机制

凯恩斯主义国际收支理论是凯恩斯主义宏观经济理论在国际经济学领域的运用和发展，它的最大特点是把对外均衡与对内均衡直接联系起来，考察国际收支均衡与收入、就业和经济增长之间的相互关系，探讨如何在维持国内经济稳定的条件下达成外部均衡。他们或者在分析国民收入和国际收支相互关系的基础上，探讨如何通过调节贸易收支缓解国内的失业和经济萧条，或通过国内的需求管理来维持贸易收支均衡，如"外贸乘数理论"；或者在分析总收入、总支出与贸易收支关系的基础上，探讨如何通过汇率的变动来影响总收入与总支出，以调节国际收支，如"吸收分析"；或者探讨如何通过收入调节手段和价格调节手段的协调配合，或通过财政政策和货币政策的协调配合同时达到内外均衡，如"政策配合理论"；或者探讨如何直接运用凯恩斯主义财政政策和货币政策，调节商品市场、货币市场上的供求关系和国际收支的经常账户、资本账户，来维持内外均衡，如 $IS\text{-}LM\text{-}EE$ 曲线分析。这些内容无非都是在凯恩斯主义宏观经济理论框架内，探讨如何运用凯恩斯主义的经济政策化解国内经济稳定与国际收支的冲突，协调内外经济政策目标，因而其理论更符合国际收支调节的本来含义。国际经济学教科书通常把这一部分的内容冠之以"国际收支调节与国内稳定"（Adjustment in the Balance of Payments and Domestic Stability）。

凯恩斯主义国际收支理论在分析方法上的特点是总量分析，即通过总供给、总需求等国民经济各个总量之间相互关系的分析来研究国际收支与国内经济稳定之间的关系，这是与新古典学派的局部均衡方法完全不同的，应当说，这种分析方法上的革命对国际收支理论的发展起着重大的推动作用。凯恩斯革命的要义是反对自由放任，倡导国家对经济生活进行干预，与此相适应，凯恩斯主义国际收支理论反对把国际收支调节视为一个自动均衡的过程。乘数分析和吸收分析虽然是通过探讨经济体系内部各个变量之间的内在联系来研究内外均衡，但却具有明确的政策干预倾向；政策配合理论和 $IS\text{-}LM\text{-}EE$ 曲线分析则直接倡导政策干预，这是凯恩斯主义国际收支理论与古典机制和新古典学派的本质区别。本章我们先介绍凯恩斯主义的总收入分析和总支出分析，在第四章再介绍凯恩斯主义的政策调节理论。

第一节　外贸乘数理论——总收入分析

国际收支的收入分析是凯恩斯革命的直接产物，是凯恩斯封闭经济的收入决定理论在国际经济学领域的直接引申和发展，它是通过分析国民收入与国际收支的相互依存、互相制约关系来探讨收入变动对国际收支的决定性作用。为了便于读者的理解，我们先扼要介绍一下凯恩斯的收入决定原理。

（一）封闭经济的收入决定与投资乘数

封闭经济的收入决定理论是凯恩斯在 1936 年发表的《就业、利息和货币通论》（以下简称《通论》）中提出的。在封闭经济条件下，一国的国民收入 Y 从总供给方面看是由储蓄和消费构成的，即 $Y=C+S$；从总需求方面看是由消费和投资构成的，即 $Y=C+I$。封闭经济总供给等于总需求意味着 $S=I$。其中，消费和储蓄是收入的函数，投资则是独立变量。

从这一恒等式出发，凯恩斯考察了封闭经济条件下投资的乘数作用。乘数概念是由英国经济学家卡恩（Kahn, 1931）首先提出来的，凯恩斯在《通论》中运用了这一概念，建立了完整的乘数理论。凯恩斯认为，在封闭经济中，由于失业的存在，一国投资的增加，会引起收入成倍地增加。因为初始投资增加会直接增加收入，在这些增加的收入中，一部分用于储蓄，余下的用于消费，这些增加的消费又会导致收入第二轮的增加，这一过程会不断反复地进行下去，无数轮效应呈无限等比级数收敛，最后加总起来，相当于最初投资的若干倍，这就是投资的乘数作用。可见，投资乘数的大小取决于收入增量中用于消费部分的比率，即边际消费倾向。如果用 ΔY、ΔC、ΔS、ΔI 分别表示收入增量、消费增量、储蓄增量和投资增量，用 K 表示投资乘数，作为一定投资增量同由此引起的收入增量之比的投资乘数为：

$$K = \frac{\Delta Y}{\Delta I} = \frac{\Delta Y}{\Delta Y - \Delta C} = \frac{\dfrac{\Delta Y}{\Delta Y}}{\dfrac{\Delta Y}{\Delta Y} - \dfrac{\Delta C}{\Delta Y}} = \frac{1}{1 - \dfrac{\Delta C}{\Delta Y}} = \frac{1}{\dfrac{\Delta S}{\Delta Y}}$$

其中，$\dfrac{\Delta C}{\Delta Y}$ 为边际消费倾向，$\dfrac{\Delta S}{\Delta Y}$ 为边际储蓄倾向。如果用 c 表示边际消费倾向，s 表示边际储蓄倾向，则：

$$K = \frac{1}{1 - c} = \frac{1}{s} \quad ①$$

（二）开放经济的收入决定与外贸乘数

凯恩斯的收入决定理论和投资乘数理论旨在倡导通过政府支出的乘数作用带动国内就业和经济增长，为主要资本主义国家走出危机献计献策。作为大萧条时期的经济学家，他还无暇顾及开放经济问题。《通论》出版后，凯恩斯的追随者力图对凯恩斯的理论进行解释、补充和发展，使其"动态化"、"长期化"，并把凯恩斯封闭经济的收入决定理论推演到开放经济，建立了开放经济的收入决定理论。英国经济学家哈罗德（Harrod, 1939）把进出口引入到凯恩斯的收入决定模型，建立了外贸乘数理论。用 M 和 X 表示进口和出口，则开放经济的国民收入恒等式为：$S-I=X-M$。用 ΔM、ΔX 表示进口增量和

---

① 关于收入决定、投资乘数和外贸乘数公式，凯恩斯和后来的哈罗德、马克卢普所用的符号有所不同。为了讨论的方便，我们采用流行的符号将它们统一起来，在涉及原公式时再另行说明。

出口增量，m 表示边际进口倾向，即进口增量占引起进口增量的收入增量之比 $m = \Delta M / \Delta Y$，则：

$$\Delta Y = \frac{1}{s + m}(\Delta I + \Delta X)$$

一定投资增量和出口增量同由此引起的收入增量之比的乘数为：

$$K = \frac{\Delta Y}{\Delta I + \Delta X} = \frac{1}{s + m} \quad ①$$

简单的开放经济性收入决定模型展示了国民收入同贸易收支的相互依赖关系：一国收入的变动，不仅依赖于投资的变动，还依赖于出口的变动，出口作为支出流量中的"注入量"同投资一样，其增长必然引起收入成倍地增长。出口的初始增加会引起收入等额的增加，在增加的第一轮收入中，一部分用于储蓄，一部分用于进口，其余部分用于国内消费，这些增加的消费又会引起等额的第二轮收入增加，这一过程同样会不断反复地进行下去，无数轮效应呈无限等比级数收敛，加总起来，必然相当于初始出口增加额的若干倍，这就是对外贸易的乘数作用。

贸易收支对国民收入的依赖更为明显，最重要的参数是边际进口倾向。开放经济中，一国增加的收入除用于储蓄和国内消费外，还用于进口，在边际进口倾向一定时，进口的多少取

---

① 哈罗德的公式为：$I = \frac{1}{i}(E)$ 和 $I = \frac{1}{i+s}(E+K)$。其中 I 表示全部收入，i 表示边际进口倾向，s 表示边际储蓄倾向，E 表示出口，K 表示投资（Harrod, 1939, P. 122, 123）。

决于收入增加的大小，从而影响贸易平衡。进口作为支出流量中的"漏出量"，不仅恶化了贸易收支，还缩小了乘数，对一国国民收入产生不利的影响。显然，上式分母中增加了一个 m，缩小了 K 值。[①]

（三）具有国外反响效果的外贸乘数

开放经济简单的收入决定模型，描述了进出口额占世界贸易额比重较小的小国的情况，但对进出口占其贸易伙伴或世界贸易较大份额的大国来说就显得不足，因为它忽略了国外收入的反响效果。在国际贸易中，一国的进口为另一国的出口，甲国收入的增加会通过进口的扩大导致乙国出口和收入的增长，而乙国收入的增长反过来又会通过乙国进口的扩大导致甲国出口和收入的进一步增加，哈罗德的模型没有考察这种国外反响（foreign repercussion）的作用。马克卢普（Machlup, 1943）在《国际贸易与国民收入乘数》一书中，将国外反响作用引入了凯恩斯的收入决定模型，建立了包括国外反响效果的乘数公式。

假定世界贸易以本国为一方，世界其他地方为另一方，用 d 表示国内，f 表示国外，根据开放经济中国民收入恒等式 $S-I = X-M$：[②]

$$S(Y) - I_d = X(Y_f) - M(Y)$$

[①]　若 $m=0.2$，s 仍为 0.2，c 就会降低为 0.6，$K=1/(s+m)=2.5$，降低了一半。

[②]　参见 P. 林德特，C. 金德伯格：《国际经济学》第 7 版，1985 年中文版，第 338 页。

$$S_f(Y_f) - I_{df} = M(Y) - X(Y_f)$$

该公式表明，一国的储蓄和进口是本国国民收入的函数，随收入的变动而变动，一国的出口是国外收入的函数，投资则是独立变量。同样道理，国外的储蓄是国外收入的函数，国外的出口，即本国的进口是国内收入的函数，国外的进口即本国的出口是国外收入的函数，国外在本国和外国的投资则是独立变量。令国内支出增加额为 A，国外自发支出不变，根据边际储蓄倾向和边际进口倾向的定义，以上两式可以表示为：

$$s\Delta Y - A = m_f\Delta Y_f - m\Delta Y$$

$$s_f\Delta Y_f = m\Delta Y - m_f\Delta Y_f$$

根据这组方程，可解出含有国外反响效果的乘数公式：[1]

$$K = \frac{\Delta Y}{A} = \frac{1 + (m_f/s_f)}{s + m + (m_f s/s_f)}$$

显然，加入了国外反响效果后，一国的投资和外贸乘数增加了。这是因为一国投资或出口的增加导致的收入增加又会通过进口的作用引起国外出口和收入的增加，这反过来又会扩大国外的进口——本国出口，导致本国的收入进一步增加。[2] 直观地看，该公式与无国外反响效果公式的主要区别在于分母中

---

[1] 我们删除了马克卢普公式中表示国内的下标 d（Machlup, 1943, P. 128）。

[2] 显然，每一轮国外收入增加所引起的本国额外出口都大于这些出口本身引起的进口。假定国内外的边际储蓄倾向和边际进口倾向都为 0.2，则：

$$K = \frac{1 + (m_f/s_f)}{s + m + (m_f s/s_f)} = \frac{1 + 0.2/0.2}{0.2 + 0.2 + \frac{0.2 \times 0.2}{0.2}} = \frac{2}{\frac{60}{100}} \approx 3.33$$

即投资和外贸乘数为 3.3，它虽小于封闭经济的投资乘数 5，却大于简单的外贸乘数 2.5。

的小数相乘项，减少了分母值，因而扩大了 K 值。如果国外边际进口倾向 $m_f = 0$，即世界其他地方没有适应收入的增加而相应地提高对本国出口的购买，上述公式就可以还原为简单的外贸乘数公式 $\dfrac{1}{s+m}$。

具有国外反响效果的乘数公式不仅进一步揭示了国民收入与贸易收支的相互依赖关系，而且深刻地反映了各国国民收入变动，经济增长之间的相互依存性。它表明，一国的贸易收支不仅依赖于本国收入的变动，还依赖于国外收入的变动。本国收入增加导致的进口增加意味着国外出口的扩大，收入的提高，其进口也必然依其边际进口倾向而相应地扩大，从而使本国的出口进一步增加，这就在相当程度上抵消了初始收入增加给本国贸易收支带来的不利影响。同样，一国的收入不仅依赖于本国的出口，也依赖于国外的出口。因为出口增加导致收入增加和进口增加意味着国外出口的扩大，这就会带动国外收入的增加和进口的增加，从而进一步促进本国出口和收入的增长。从经济增长的角度看，一国国民收入的增加，经济的增长，不仅取决于国内的有效需求，而且有赖于别国收入的提高，经济的增长。只有其贸易伙伴的收入提高了，市场才能扩大，对进口的需求才能增加，转而带动本国出口和经济的增长。

（四）收入分析的局限与政策含义

首先，收入分析也是以小于充分就业，国内还存在着闲置资源、设备为理论前提。在充分就业时，出口的扩大不仅难以使收入继续增加，还会触发"需求拉上"的通货膨胀，降低出口商品的竞争能力。第二，收入分析假定边际进口倾向不变，但边际进口倾向在不同的国家，不同的部门，经济周期的不同阶段各不相同。第三，收入分析假定所有的出口都创造收入，进出口产品与国内产品有完善的替代关系。但许多出口产品中含有大量的进口成分，这一部分并不创造收入①；进口产品也无法完全替代国内产品，使国内商品与劳务等额减少；进口的扩大，部分是以国内储蓄支付的，并不会导致国民收入等额减少。第四，"以邻为壑"的保护主义政策，常常使外贸乘数作用及国外反响的波及效果中断。在保护主义盛行，关税战、货币战充斥战后资本主义国际经济秩序的背景下，指望通过对外贸易乘数及其国外收入的反响作用来协调内外经济政策目标是难以奏效的。

从国际收支调节的意义上讲，既然收入分析认为，一国出口的扩大会通过对外贸易的乘数作用引起国内收入成倍增加，国内收入的增加又会扩大对进口的需求，从而一定程度地抵销出口扩大给国际收支带来的有利影响，那么，一国为了维持国际收支均衡，不仅可以靠扩大出口的办法，还可以通过管理国内总需求的办法来抑制进口。这样一来，国际收支均衡目标同国内经济稳定，充分就业目标又发生了冲突。如果逆差国家用降低国内收入和就业水平的办法来谋求对外均衡，就会与

---

① 这里讲的包含进口产品的出口产品指第一轮出口，以后各轮出口中包含的进口部分，已经作为支出流量中的"漏出量"在公式中扣除了。

凯恩斯主义的初衷——刺激国内总需求以实现充分就业相背离。凯恩斯本人也是极力反对国内政策目标屈从于对外政策目标的（Harris, 1947, P. 247）。正如梅茨勒所说的那样，因而我们得到了一个似是而非的结果：凯恩斯用来解决国内经济稳定问题的药方越被证明有效，对我们描述国际问题就越没有必要（Metzler, 1948, P. 221）。尤其是在 20 世纪 30 年代普遍存在着大量失业的情况下，人们更加难以忍受国内政策目标服从对外政策目标的痛苦，收入分析试图用压缩国内需求的办法谋求外部均衡显然是行不通的。

值得肯定的是，收入分析通过揭示各国国民收入之间的内在联系，反映了各国经济通过对外贸易的纽带紧密地联结在一起，形成了既相互矛盾又相互依存的关系。资本主义世界经济危机的同期性深刻地反映了这个现实。当某一个资本主义大国爆发经济危机时，由于需求不振导致减少从贸易伙伴的进口，造成其贸易伙伴出口减少，失业增加，这反过来又会减少这些贸易伙伴国家从该国的进口，加重其危机。所谓的"美国一打喷嚏，日本就感冒"，就是这种关系的生动写照。发达国家同发展中的关系也是同样，旧的国际分工把发达国家与发展中国家联结成为一个相互依存的整体，发达国家的经济衰退迫使他们削减从发展中国家的进口，导致发展中国家出口萎缩，经济萧条，反过来又会减少发展中国家从发达国家的进口，加重发达国家的经济衰退。这种经济危机的同期性已成为战后频频发生的全球经济危机的鲜明特征。

需要指出的是，当凯恩斯主义的政策主张在许多国家的政策实践中遭到失败时，西方一些学者试图把凯恩斯主义的理论应用到世界范围，实行全球性的需求管理政策，刺激世界范围的有效需求，以扩大生产，增加就业，促进世界经济的发展。这种国际凯恩斯主义的主张是建立在国际收支的收入分析基础上的，但它却赋予了传统的收入分析以新的政策含义。传统的收入分析虽然考察了各国经济的相互依赖关系，但其经济政策的着眼点只限于本国的就业，经济增长和国际收支均衡。尽管它也主张扩大出口，发展对外贸易，但却立足于本国的经济政策目标，充其量把它作为改善国际收支，转嫁经济危机，刺激国内需求的手段，而对国外收入反响的政策含义认识不足，所以在对外经济政策上，它是以损人利己，"以邻为壑"（beggar-thy-neighbor policy）为特征的。而国际凯恩斯主义则把视野扩大到世界范围，主张奉行"自己活让别人也活"的政策（live and let live policy），这是"二战"后世界经济发展变化的必然结果。

20 世纪 70 年代，西方经济陷入了持续"滞胀"的困境，高失业与高通货膨胀并存，使得西方国家的政策制定者进退两难，一筹莫展。严峻的经济现实使一些有志之士认识到，仅仅从国内的宏观经济政策着眼制定的政策措施已不足以摆脱困境，而应把凯恩斯主义扩大到世界范围，调节世界市场上的有效需求。由于发达国家普遍存在着生产过剩的经济危机，市场近于饱和状态，所以，西方国家不得不寄希望于发展中国家的市场，从中寻找走出"滞胀"困境的出路。尽管由于经济落后，发展中国家有支付能力的需求不大，但市场的潜力是很大的，发达国家如果能给予他们以贸易、资金和技术等方面的便利，促使其经济发展，他们对商品和劳务的需求就会迅速增加，其市场的深度和广度是发达国家所无法比拟的。"世界范围的需求（主要在发展中国家）和生产能力的利用不足（主要在工业国家）之间的差距最后只能通过创造一种以充分的购买力为后盾的适当的需求来加以弥补。虽然凯恩斯主义在个别国家恐怕不再能提供恰当的解决办法，但它在国际范围作为一种对付失业的武器仍然是有效的"。[①] 这种国际凯恩斯主义的主张虽然不能从根本上改变旧的国际经济秩序，解决南北经济关系问题，但它倡导工业发达国家向发展中国家做出一些让步，对现存的国际经济秩序作一些修补改良，这对打破当时南北对话的僵局，解决发展中国家的经济困难，促进南北经济合作，繁荣世界经济，无疑具有积极的作用。

第二节　吸收分析——总支出分析

吸收分析产生于 20 世纪 50 年代初，由美国经济学家亚历山大（Alexander, 1952）在其著名的论文《贬值对贸易收支的影响》中提出。吸收分析也是一种汇率调节理论，与弹性分析不同，它不是研究汇率变动引起的相对价格变动对贸易收支的直接影响，而是研究汇率变动引起的价格变动如何通过影响

[①]　参见西德发展公司董事会主席卡尔-海因茨·佐恩在上海南北关系讨论会上的发言："南北关系的现状和面临的主要任务"。载《世界经济》1983 年第 6 期，第 50 页。

一国的总收入和总支出来影响贸易收支，因而在经济学文献中，人们又把它称为总支出分析。由于吸收理论把国际收支均衡同国内均衡直接联系起来，既考查了小于充分就业条件下，又考察了充分就业条件下汇率贬值对贸易收支的影响，这就一定程度上克服了弹性分析和外贸乘数理论的不足，使该理论更具有一般性质。随着战后世界各国经济的迅速恢复和发展，有效需求不足已逐渐让位于通货膨胀，各国经济日益接近充分就业，这就使吸收理论的影响迅速扩大，成为 20 世纪 50 年代最为流行的一种国际收支理论。

吸收分析是直接针对弹性分析提出来的。亚历山大在其论文中首先对弹性分析作了精辟的概括，认为"传统的弹性公式只有在弹性被定义为总体弹性（total elasticity）而不是局部弹性时才有价值"（Alexander, 1952, P. 264），这种总体弹性测量的不是价格变动对量的变动的直接影响，而是"共变"（co-variation），即当全部经济体系达成新的均衡时价格与量的共变。当然总体弹性也是量的变动百分比与价格变动百分比的比率，但这种量的百分比变动不仅仅是与其直接相关商品价格变动的结果，而且是贬值直接、间接引起的许多其他商品价格变动以及收入变动的结果；价格变动率也并非完全等于贬值率，还取决于许多同样复杂的关系。因此，决定贬值影响效果的总体弹性有赖于全部经济体系的行为。"认为贬值的影响取决于弹性，可以归结为取决于经济体系是如何运转的"（Alexander, 1952, P. 264）。于是，亚历山大从更广泛的角度提出了他的吸收理论。

（一）基本方程式

吸收分析是以一国实际收入与实际支出以及二者与价格水平的关系为基础展开的，它探讨的是汇率贬值引起的价格水平变动如何影响一国的实际收入与实际支出，进而影响贸易收支。吸收分析的基本出发点是把一国的贸易收支表示为该国生产的全部商品和劳务与被国内市场上"取走"（take-off）的商品和劳务之间的差额，这个被取走的部分称之为"吸收"（absorption），它等于国内消费支出和投资支出的总和。如果用 B 代表贸易收支，Y 代表全部商品和劳务的生产，A 代表对全部商品和劳务的吸收，则：$B=Y-A$。[①] 如果 Y 大于 A，即一国生产的全部商品和劳务大于被国内市场上吸收的部分，余额必然要用于出口，表现为贸易收支顺差，即 $B>0$；如果 A 大于 Y，即一国的国内消费和投资支出大于本国生产的全部商品和劳务，不足部分只能靠进口，表现为贸易收支逆差，即 $B<0$。欲改善贸易收支，或者增加收入 Y（扩大生产增加供给），或者减少吸收 A（控制国内支出）。当然 Y 和 A 也可以同增或同减，但生产的增加必须大于吸收的增加，或吸收的减少大于收入的减少，贸易收支才能改善。

如果将上述量的变动用小写字母表示，则 $b=y-a$。这就是亚历山大的基本等式，它表明，一国贸易收支的变动等于它

[①] Y 指国民收入或国民总产值（GNP），可以理解为总供给，A 则可以理解为总需求。

生产的商品和劳务的变动与国内对其吸收变动之间的差额。①于是，汇率贬值对贸易收支的影响问题就化为，贬值如何影响国内商品和劳务的变动 y；贬值如何影响国内吸收的变动 a。由于贬值引起的收入变动本身还会导致吸收变动，亚历山大又把贬值对吸收的影响分解成两个部分：一是贬值对吸收的直接影响，即在既定实际收入水平下，贬值直接引起的实际吸收量的变动，用 d 表示；二是贬值对吸收的间接影响，即贬值引起的收入变动带来的吸收变动，用 cy 表示。其中 c 代表吸收倾向，即吸收变动与引起其变动的收入变动的比率，它等于消费倾向和投资倾向之和。于是，贬值对吸收的影响就化为 $a = cy - d$，把它代入基本等式得 $b = (1 - c)y + d$。

经过这样的整理，贬值对吸收的间接影响 cy 就被归入贬值对收入的影响之中了。考察贬值的收入效应对贸易收支的净影响应当把由此带来的副作用，即吸收的变动从收入变动中扣除掉，虽然二者的变动方向相同，但对贸易收支的影响却是相反的。这样一来，贬值对贸易收支的影响进一步化为三个问题：第一，贬值怎样影响收入，即 y 多大？第二，收入变动如何影响吸收，即 c 多大？第三，在一定收入水平条件下，贬值怎样直接影响吸收，即 d 多大？这些问题必然涉及贬值国与其他国家的整体经济结构。

———————————

① 亚历山大还指出，该公式无论理解为实物因素还是货币因素都是成立的，不过，他这里只讨论实物量。

（二）贬值对收入的影响

贬值对收入的影响是通过两个效应实现的。

1. 闲置资源效应

所谓闲置资源效应，是指在国内还存在着闲置资源的情况下，一国货币贬值引起的出口增加会通过外贸乘数的作用使国内收入一轮又一轮地增加，从而对贸易收支产生正的影响。由于吸收倾向的存在，人们在增加收入时，又会增加消费支出和投资支出，使吸收增加，从而对贸易收支产生不利的影响。所以这种增加的吸收部分应当从增加的收入中扣除，余下部分才是贬值对贸易收支的净影响。亚历山大把这种净影响称为实际窖藏（real hoarding），即收入增加后，扣除由此产生的吸收增加部分，实际上窖藏起来的部分 $(1-c)y$。商业周期的存在有时会使 c 大于 1，即收入增加引起的吸收增加可能会大于收入本身的增加，此时贬值虽然可以刺激经济，却不能有效地改善贸易收支。可见，闲置资源的存在和吸收倾向小于 1 是贬值通过闲置资源效应改善贸易收支的两个必要条件。正如亚历山大所指出的，在存在着失业，吸收倾向小于 1 的条件下，贬值的收入效应是很明显的，这也是三十年出现竞争性汇率贬值的原因。一旦出现充分就业，贬值的对贸易收支的改善作用就只能指望对吸收的直接影响了。

2. 贸易条件效应

如前所述，由于出口生产通常比进口更加专业化，进出口商品的供给弹性通常大于需求弹性，汇率贬值会使以外币表示的出口价格下跌幅度大于进口价格下跌幅度，使贸易条件恶化。这种贸易条件恶化意味着该国单位出口商品进口购买力的降低，导致收入减少，对贸易收支产生不利的影响。但是，由于吸收倾向和进口倾向的存在，贬值的这种贸易条件效应带来的收入减少又会引起进口和国内吸收的减少，间接地改善贸易收支。因此，这部分进口和吸收的减少也应当从减少的收入中扣除，其差额才是贬值的贸易条件效应对贸易收支的净影响。如果用 t 表示贬值使贸易条件恶化造成的收入减少，则 ct 表示这种收入减少带来的吸收减少（包括进口），其差额 $t-ct$ 或 $(1-c)t$ 才是贬值的贸易条件效应。如吸收倾向 $c>1$，即贸易条件恶化造成的收入降低引起吸收更大幅度的降低，贬值的贸易条件效应会改善贸易收支；反之，如 $c<1$，贬值的贸易条件效应会恶化贸易收支。

总之，贬值引起的收入变动对贸易收支的影响有两种情况：一种是闲置资源效应，通常对贸易收支产生有利的影响；另一种是贸易条件效应，通常对贸易收支产生不利的影响。但二者的前提都是吸收倾向 c 小于 1，如 c 大于 1，其影响正好相反。

（三）贬值对吸收的直接影响

亚历山大指出，如果一国处于充分就业状态，或者吸收倾向近于 1 或大于 1，贬值对贸易收支的改善作用就只能依赖贬值对吸收的直接影响了。这种影响主要是通过既定实际收入水平条件下①，高价格水平或价格水平上涨遏制消费或投资来实现的。其机制为：贬值→国内一般价格水平上涨→总吸收减少→贸易收支改善。即汇率贬值使以本币表示的进口和出口商品价格上涨，进而带动国内一般物价水平上涨，这种上涨会遏制国内的消费和投资支出，使总吸收减少，从而改善贸易收支。这里关键的环节在于物价水平上涨如何使总吸收减少？亚历山大认为，总吸收的减少是通过若干效应实现的。

1. 现金余额效应

现金余额效应通常指价格水平下降导致对商品和劳务的支出增加，或者价格水平上涨导致这些开支的减少。其基本思路是：每个人都在自己所保持的现金余额与购买商品和劳务的开支之间建立一种符合愿望的关系，在货币供给不变的条件下，贬值引起的价格水平上涨打乱了这种理想的关系：人们持有的现金余额的实际价值下降了。为了维持一定实际价值的现金持有额，人们就会累积更多的现金，减少支出，其结果使实际花费相对实际收入降低，总吸收减少。当然人们也可以通过出售其他资产的办法增加现金持有额，但是亚历山大认为，就整个国家而言，只要银行体系或政府不创造更多的货币，只要货币供给不会由于商品和劳务的出口而增加，这种资产转让是不会增加全社会现金总持有额的（排除资本移动因素）。不仅如此，这种转售资产的办法还会导致资产价格降低，利率提高，反过来遏制投资，抑制吸收，间接地改善贸易收支。

---

① 亚历山大假定，货币收入和价格水平按同一方向同一比例变动，因而实际收入水平不变。

2. 收入再分配效应

亚历山大认为，贬值引起的物价上涨会使收入从边际吸收倾向较高的阶层向边际吸收倾向较低的阶层转移，从而减少总吸收。这种转移是通过三个渠道实现的：第一，从工资收入者向利润所得者转移。由于工资的增加落后于物价的上涨，贬值的结果会使利润在牺牲工人工资的代价增加。由于利润所得者的边际消费倾向低于工人，这一转移的结果会使消费支出减少。虽然利润所得者的边际消费倾向较低，但其边际投资倾向却远高于工人，因而总吸收还可能由于投资的增加而提高。因此，这种转移对总吸收的净影响取决于利润所得者收入增加后，消费减少量与投资增加量之间的差额，或边际消费倾向与边际投资倾向之间的差额。第二，从固定货币收入者向社会其他成员转移。贬值引起的物价上涨还会使固定收入者的实际收入转移到边际消费倾向较低的富有阶层手中，使总吸收减少。第三，从纳税人向政府转移。贬值造成的价格上涨，会使实际税收由于货币收入的提高和税收的累进性质而增加。通常发达国家政府的吸收倾向较低，这种转移会在一定程度上降低吸收，改善贸易收支。

3. 货币幻觉效应

贬值的货币幻觉效应对贸易收支的影响取决于人们对货币价格和货币收入的相对重视程度，因而从相反两个方向影响吸收。如果价格水平提高后，人们更加关注货币价格上涨，忽略了货币收入的同比例增加，为了恢复并未减少的实际现金余额缩减消费支出，贸易收支就会改善。相反，如果人们只关注货币收入的提高，忽略了价格水平上涨造成的货币实际购买力的减少，沉醉于货币幻觉之中，就会增加支出，减少储蓄，对贸易收支产生不利的影响。

4. 其他各种直接吸收效应

亚历山大主要讲了两种情况。第一，贬值引起的价格水平上涨可能会使人们产生对价格进一步上涨的预期，这种预期心理的作用至少在短期内会导致人们的支出增加，对贸易收支产生不利的影响。第二，如果一国的投资品大量来自国外，国内又无适当的替代品，贬值引起的进口投资品价格上涨会直接造成投资支出减少，对贸易收支产生有利的影响。推而广之，贬值引起的进口品价格上涨会直接遏制进口，增加储蓄和窖藏，改善贸易收支。

5. 各种效应的暂时性和非比例性

许多直接吸收效应是暂时的，比如，价格上涨后，随着对现金余额需求的增加，货币供给也会相应地扩大，使现金余额效应消失；或者通过信用创造融通额外的吸收，抵消这种现金余额效应。同时，一些收入再分配效应也会随着时间的推移，滞后收入的最终"赶上"而消失。比如，随着价格水平的上涨，工资也会逐渐提高，以恢复贬值前的工资利润关系，使这种效应消失。有些效应依赖于"动态的运动"（dynamic movements），即依赖于价格水平的上涨，而不是高价格水平本身，一旦价格停止上涨，这些效应就趋于消失。一些效应并非按比例发生作用，例如，小幅度的贬值会产生货币幻觉，大幅度的贬值则使货币幻觉破灭。

最后，亚历山大指出，贬值效应的这种暂时性和非比例性并不意味着贬值无法强有力地影响国际收支，贬值对国际收支的影响取决于上述各种效应的强弱。但是，亚历山大似乎更相信，在充分就业时贬值对直接吸收的有利影响可能会很弱，如果直接运用货币和信用政策——限制政府支出、私人投资和私人消费（假定这些政策能影响贸易收支而又不减少收入和就业），贬值将会通过吸收更有效地发挥作用。

（四）吸收理论与弹性理论的比较和综合

吸收理论的提出在国际经济学界引起了强烈的振动，被认为是国际收支理论的一项突破性研究成果，同时，它也受到了许多尖锐的批评。马克卢普（Machlup, 1955, 1956）在"贬值分析中的相对价格和总支出"、"贬值对实际收入和贸易收支的贸易条件影响"两篇文章中，对吸收分析与弹性分析进行了比较和评价，同时对吸收分析提出了一系列的批评。

马克卢普认为，吸收分析在理论上主要存在着三个方面的问题：第一，吸收分析集中探讨总量问题，忽视了贬值的相对价格效果，因而其理论体系存在着一些错误和遗漏。比如，亚历山大只注意到贬值的闲置资源效应和贸易条件效应，忽略了贬值的资源再分配效应。贬值引起的相对价格变动会导致国内生产资源的转移和重新配置①，如果这种转移和配置能使资源得到更合理、更有效的利用，国内的产量就会在就业不变的条

---

① 亚历山大只是在分析贬值的直接吸收效应时，才谈到了资源转移问题。

件下增加。特别是在贬值前汇率被高估时，贬值引起的相对价格变动会使资源从劳动生产率较低的生产部门向劳动生产率较高的生产部门转移，增加贬值国的实际收入。当闲置资源效应很小或等于零时，贬值的资源再分配效应就显得尤为重要。马克卢普还指出，由于忽视了相对价格效果，亚历山大只分析了贬值的贸易条件效应对收入的影响，没有注意到贸易条件的变化还会对吸收直接产生影响。

第二，吸收分析的基本方程式也存在着若干问题。亚历山大曾声明，他的基本方程式无论理解为实物因素还是货币因素都是成立的。马克卢普认为，这种说明有时既麻烦又无意义。如果一国对进口的需求弹性很小，进口价格上涨后，对进口量的购买只是略为减少，此时按实物量计算的贸易收支改善了，按货币价值计算的贸易收支却恶化了，那么，这种实物贸易收支的改善有什么意义呢？即使放弃了实物因素的假定，贬值的结果也可能是以本币表示的进口增加，以外币表示的进口减少，即"赫希曼效益"（Hirsmen, 1949）。马克卢普还指出，吸收分析基本等式中的变量之间也可以理解为互为因果关系。亚历山大的逻辑顺序是：贬值影响收入→收入影响吸收；贬值直接影响吸收。同样，我们也可以认为，贬值直接影响吸收→吸收再影响收入；贬值影响收入。实际上，吸收的减少，在资源转移发生"瓶颈"时会造成失业，不同程度地抵消贬值的闲置资源效应。

第三，吸收分析忽视了国内货币供给和信用创造的作用。一国银行的信用扩张是贸易收支逆差存在的先决条件，因为在没有货币信用扩张的条件下，贸易收支逆差必然会引起国内货币供给的减少，进而导致国内吸收减少，使贸易逆差自动消失。显然，亚历山大关于货币供给不变的假定是无法自圆其说的。这里，马克卢普从贸易收支逆差的支付和筹资的角度，强调了国际收支调节过程中货币因素的作用，为吸收分析成为货币分析产生和发展的起点作了理论上的准备。

马克卢普还对弹性分析和吸收分析作了比较分析。首先，他认为两种理论都含有既定和不变的参数。弹性分析无法克服的缺陷是它赖以运转的弹性被假定为既定和已知的，而实际上正相反，这些弹性会随着贬值的影响而变化。同样，吸收分析假定为既定和已知的吸收倾向也会因时因地而异。相比之下，作为贬值对贸易收支影响的指标，吸收倾向较之价格弹性更为不可靠，更易受到政府财政货币政策的影响。其次，马克卢普比较了两种理论模式的国外条件。弹性分析把国外市场上的供求条件作为决定性的因素之一，特别考虑到了国外需求弹性和供给弹性的重要作用。吸收分析仅仅从贬值对贬值国收入和吸收的影响中推演出贬值对贸易收支的影响，没有考虑到国外因素。既然一国贸易收支的变动意味着其贸易伙伴的贸易收支同量和相反方向的变动，那么本国贬值通过国内的收入和吸收变动导致贸易收支变动，在其他国家则意味着贸易收支变动导致他们的收入和吸收变动，这岂不自相矛盾？最后，即便在亚历山大的模型中，价格弹性事实上也在发挥着重要作用，从某种意义上说是在幕后起作用。比如，贬值的闲置资源效应首先取决于出口产品的生产和销售能否扩大，这显然取决于这些产品的国内供给弹性和国外需求弹性。更明显的例子是，贬值的直接吸收效应会引起资源转移还是失业，关键在于整个经济体系如何对价格刺激或国内外市场的价格差异做出反应。至少在贸易条件问题上，价格弹性的作用是举足轻重的：贬值改善还是恶化贸易条件取决于国内外供给弹性之积小于还是大于需求弹性之积。事实上，亚历山大在分析中是把这一点作为已知前提，他承认，价格弹性在其总支出分析中是起作用的，他并不否认弹性分析，只是反对局部弹性，主张总体弹性而已。

基于上述分析，马克卢普得出结论：作为贬值效果的分析，弹性分析和吸收分析都是必要的，不可偏废，单有吸收分析并不能解决问题，它不能代替弹性分析，只有与弹性分析相互补充才有意义。"创新者总是习惯于轻视旧方法，批评家的责任就是在不贬低旧理论的前提下，鉴赏新理论的价值"（Machlup, 1955, P. 278）。

在马克卢普的严厉批评面前，亚历山大作了妥协。他在"贬值的影响：弹性分析和吸收分析简化了的综合"一文中指出，传统的弹性分析的主要问题是忽视了收入效应，可以视为贬值的初级效应分析，如与乘数理论结合运用，则可获得贬值的最后效应。他还身体力行，将收入变量引入弹性理论公式，力图将弹性分析和吸收分析加以综合。蒋硕杰（Tsiang, 1961）在"货币在贸易收支稳定中的作用：弹性分析与吸收分析的综合"一文中谈到，亚历山大与马克卢普关于弹性分析和吸收分析利弊的争论似乎结束了，但他对亚力山大的妥协感到失望，认为问题的关键是贸易收支调节中货币因素的作用。

按照这个思路，蒋硕杰作了可贵的探索，与约翰逊等人一起提出了货币主义的国际收支理论。

（五）吸收分析简评

1. 吸收分析探讨了充分就业条件下汇率贬值如何改善贸易收支问题，迎合了各国政策制定者的需要。关于汇率贬值对贸易收支的影响，弹性分析做过详尽的探讨，但其理论前提是供给弹性无穷大，即小于充分就业的情况。收入分析也同样解决不了充分就业条件下国际收支调节问题。吸收分析不仅探讨了小于充分就业条件下，贬值可以通过闲置资源效应增加产量和收入，改善贸易收支，而且探讨了充分就业条件下，贬值如何通过各种直接吸收效应，限制消费支出和投资支出，减少贸易收支逆差，这无疑为各国政府政策制定者提供了一剂新的良药。亚历山大还倡导政府在充分就业条件下，适当地运用货币信用政策，限制支出，以配合贬值的直接吸收效应，这种鲜明的政策含义对各国政策制定者更具有直接的吸引力。

2. 吸收分析将一国国际收支与国内经济活动直接联系起来，把一国贸易收支直接表现为国内总产量和总支出之间的差额，使人们一目了然地看到，一国的贸易收支状况是国内生产活动和支出活动的直接结果。弹性分析孤立地研究贬值的相对价格效应对贸易收支的影响，很大程度上忽略了国内经济活动对贸易收支的制约作用。收入分析虽然考察了国内经济活动对贸易收支的制约作用，但其政策着眼点落在管理国内的总需求，以牺牲国内的生产和就业为代价达成外部均衡，这在 20

世纪 30 年代大萧条时期是无法实施的。吸收分析由于把贸易收支与国内总产量与总支出直接联系起来，这就给政策制定者以回旋余地：运用汇率杠杆，既可以扩大产量和就业，以增加收入；又可以在收入不变的条件下，通过减少国内支出来改善贸易收支。后者实质上是在收入不变的情况下，产量由国内吸收向出口的转移，即用扩大出口的办法来弥补国内吸收的减少，使总供给和总需求保持平衡。既然出口是收入流量中的注入量，这种由国内吸收向出口的转移并未使一国的总需求降低，只不过是总需求各部分之间的重新组合而已，因而达到了既改善贸易收支，又不影响国内生产和就业、国内国外同时均衡的满意结果。当然，这一切只有在资源转移不发生瓶颈的前提下才能顺利实现。

3. 吸收分析把对国际收支问题的研究由弹性分析的局部均衡方法上升到总体均衡方法，把对汇率变动微观要素的考察扩大到宏观效应的分析，即把贬值的影响效果与全部经济体系的行为联系起来。这就很大程度上克服了弹性分析的不足：它不仅考察了贬值的初始效果，还考察了贬值的次级效应；不仅考察了贬值的价格效果，还考察了收入效应、吸收效应、利率变动诸因素的作用，使人们更能从总体上把握贬值的宏观经济影响。

4. 关于吸收分析的缺欠，除了马克卢普深入细致的分析外，这里想补充和强调两点。第一，与弹性分析一样，吸收分析只考察了贬值对贸易收支的影响，忽略了资本移动在国际收支调节中的重要作用。亚历山大虽然注意到了贬值引起的价格变动会使利率发生变动，但其分析只限于这种利率变动对国内投资支出的影响，没有考察利率变动还会引起资本的内流或外流，对国际收支起着重要的调节作用。实际上，亚历山大是把贸易收支等同于国际收支，整个资本账户在其分析中被排除掉了。第二，吸收分析只考察商品市场上的均衡，忽视了货币因素在国际收支调节中的重要作用。亚历山大在考察贬值的直接吸收效应时假定国内货币供给不变，只是在分析各种效应的局限性时才谈到了货币供给的变动，并且这种变动被认为是适应对现金余额需求的增加而发生的，货币供给被视为完全消极被动的因变量。实际上，几乎所有国家的货币政策当局都把货币供给作为积极主动的政策变量，通过对货币供应量的有效控制和管理，实现内外经济政策目标甚至政治目标。就连亚历山大本人也未能将货币供给不变的假定贯彻到底，他在其政策建议中明确提倡运用货币信用政策配合贬值的各种效应。亚历山大关于货币供给不变的假定还暴露了其理论体系的内在矛盾。不仅贸易收支逆差的存在以货币供给和信用的扩大为先决条件，贬值的闲置资源效应的实现也有赖于货币信用的扩张。随着出口生产的扩大，就业的增加，对货币和信用的需求也会增加，没有追加的货币和信用进行融通，闲置资源效应也是不灵的。

第四章 凯恩斯主义国际收支理论
——政策调节理论

第一节 对内对外的同时均衡——政策配合理论

到目前为止，除重商主义外，我们介绍过的国际收支理论都是通过考察经济体系内各个变量之间的相互关系来探讨国际收支的均衡过程。凯恩斯主义的收入分析和吸收分析尽管具有明显的政策干预倾向，但其理论本身也是通过研究总收入、总支出与贸易收支的关系来探讨国际收支的均衡过程。随着"二战"后资本主义经济的恢复和发展，国际贸易的日益扩大，主要资本主义国家对内均衡与对外均衡之间的冲突日益尖锐起来，这些调节机制明显地暴露出他们的局限性。比如，收入机制描述的国际收支均衡目标，对逆差国家意味着要以牺牲国内的就业和经济增长为代价才能达到，对顺差国家则意味着要以国内的通货膨胀为代价才能实现；而吸收分析在充分就业条件下无非也是指望用抑制国内总吸收的办法来获得外部均衡。他们都无法解决国际收支理论的根本问题，即如何同时达成内外均衡，为了实现某个经济政策目标而采取的某个经济政策手段常常不得不影响甚至损害另一个经济政策目标，西方国家的政策制定者常常陷入投鼠忌器、进退两难的境地。严酷的现实挑战经济学家去探讨如何通过各种经济政策手段之间的有效配合，同时达到内外均衡的目标。20 世纪 50 年代以来，随着凯恩斯主义宏观经济政策在各国的广泛实施，国际经济学界出现了一股研究经济政策理论的热潮，人们开始热衷于探讨如何直接运用凯恩斯主义的财政金融政策来调节国际收支和实现国内经济稳定，其中具有开拓性意义的是米德（Meade, 1951）的《国际经济政策理论》。

（一）米德的两大平衡冲突及其政策配合理论

米德的《国际经济政策理论》共分两卷，第一卷《国际收支》，出版于 1951 年，第二卷《贸易与福利》，出版于 1955年。这二卷书是米德一生最重要的贡献，曾被誉为"国际经济学中的一个里程碑"（Schelling, 1956, P. 714），米德为此成为最早获得诺贝尔经济学奖的两位国际经济学家之一。

米德经济思想的核心是"经过修正的自由放任主义"（Modified Laissez Faire），与此相适应，他认为在国际经济领域应实行经过修正的自由贸易政策（Modified Free Trade），以实现世界范围的实际收入和经济福利的最大化。米德在其著作中用大量的篇幅描述了一国对内均衡与对外均衡之间的冲突以及解决这些冲突的适宜的政策措施。他指出，一国通常具有双重的政策目标（two-fold objectives），即国内经济平衡和对外收支平衡。国内平衡指充分就业、物价稳定、国民收入增长。对外平衡指国际收支既无逆差，又无过多的顺差。为了实现这两大平衡，可以实行两种调节：收入调节和价格调节。收入调节指用财政政策和货币政策调节国民收入，以影响内外平衡，米德在书中将财政政策和货币政策统称为"金融政策"；价格调节指调整一国的工资率或汇率使货币相对价格发生变化，以影响内外均衡。米德指出，这两种调节方法必须很好地配合使用，如果仅使用其中的一种方法，必然会出现两大平衡之间的冲突。

米德首先描述了仅使用财政货币政策出现的冲突情况。他用 L 表示国民收入低或经济衰退，H 表示国民收入高或经济景气，S 代表顺差国，D 代表逆差国，"+"表示膨胀性财政货币政策，"-"表示紧缩性财政货币政策，然后将各种情况列为表 4-1-1。

该表表明，仅仅使用宏观财政政策和货币政策调节两大平衡，经济政策目标和手段之间几乎处处存在着矛盾和冲突。以第一行中的逆差国为例，此时世界经济处于萧条阶段，逆差国为实现国内平衡，应采取扩张性的财政货币政策 $D+$，以刺激国内经济的回升（e 列）；而为了实现国外平衡，则应采取紧缩性的财政货币政策 $D-$，以抑制国内的总需求，减少进口（c 列），这两种政策显然是直接冲突的。为了顺差国的国内平衡，逆差国又应实行扩张性的财政金融政策，扩大从顺差国的进口，带动其经济的复苏，这与逆差国自身的对外经济政策目标又是相矛盾的。其他各种情况可以根据表中所示类推。不难看出，除了第一行的顺差国和最后一行的逆差国外，一国的两大平衡目标和手段之间以及与其贸易伙伴的经济政策目标和手段之间都存在着不协调或冲突，仅仅采用收入调节手段是无法克服这些矛盾和冲突的。

表4-1-1　膨胀性金融政策标准与紧缩性金融政策标准之间的冲突

顺差国 国民收入	逆差国 国民收入	旨 在 求 得		
		国外平衡	顺差国国内平衡	逆差国国内均衡
太低(L)或太高(H)		顺差国应实行国内支出膨胀(S+)或紧缩(S-) 逆差国应实行国内支出膨胀(D+)或紧缩(D-)		
(a)	(b)	(c)	(d)	(e)
L	L	S+, D-	S+, D+	S+, D+
	H	S+, D-	S+, D+	S-, D-
H	L	S+, D-	S-, D-	S+, D+
	H	S+, D-	S-, D-	S-, D-

资料来源：Meade(1951, P.117)。

那么价格调节手段，即用变动工资率或汇率的办法能否消除这些冲突呢？回答也是否定的。米德用 $S'+$ 表示顺差国的货币工资率上升或货币升值，$S'-$ 表示顺差国的货币工资率下降或货币贬值，$D'+$ 表示逆差国的货币工资率上升或货币升值，$D'-$ 表示逆差国的货币工资率下降或货币贬值，将价格调节出现的情况列为表4-1-2。

如表所示，除第三行当顺差国处于景气，逆差国处于衰退时，顺差国用升值，逆差国用贬值的办法可以同时达成两国内外经济政策目标的协调外，其余情况下都存在着冲突。以第一行的顺差国为例，此时世界经济处于衰退状况，顺差国为了实现对外收支平衡应实行货币升值（$S'+$）以扩大进口、减少出口，消除国际收支顺差（c列）；而为了实现对内平衡则应实行货币贬值（$S'-$），以扩大出口限制进口，带动国内就业和经济增长（d列），显然，顺差国的对内经济政策目标和手段与对外经济政策目标和手段之间存在着冲突。同时，为了实现逆差国的国内平衡，顺差国应用升值的（$S'+$）办法扩大从逆差国的进口，帮助逆差国走出衰退（e列），这与顺差国的对内平衡目标和手段又是相矛盾的。

表 4-1-2　价格调节政策各种标准之间的冲突

顺差国国民收入	逆差国国民收入	旨 在 求 得		
		国外平衡	顺差国国内平衡	逆差国国内均衡
太低(L)或太高(H)		顺差国货币成本应上升($S'+$)或下降($S'-$) 逆差国货币成本应上升($D'+$)或下降($D'-$)		
(a)	(b)	(c)	(d)	(e)
L	L	$S'+$, $D'-$	$S'-$, $D'+$	$S'+$, $D'-$
	H	$S'+$, $D'-$	$S'-$, $D'+$	$S'-$, $D'+$
H	L	$S'+$, $D'-$	$S'+$, $D'-$	$S'+$, $D'-$
	H	$S'+$, $D'-$	$S'+$, $D'-$	$S'-$, $D'+$

资料来源：Meade（1951, P. 154）。

可见，收入调节和价格调节政策都不能单独解决两大平衡之间的冲突问题，有效的办法是将二者有机地结合使用。米德认为，如果两国彼此协调政策，在国际范围内灵活地运用收入调节和价格调节手段，就可同时达到内外均衡。米德把这种情况列为表 4-1-3。

表 4-1-3　金融政策标准与价格调节政策标准的协调

顺差国国民收入	逆差国国民收入	有关国家当局为实现内外平衡应采取表中所示行动		
太低(L)或太高(H)				
(a)	(b)	(c)	(d)	(e)
L	L	$S+$, $D'-$	$S+$	$D'-$
	H	$S+$, $D-$	$S+$	$D-$
H	L	$S'+$, $D'-$	$S'+$	$D'-$
	H	$S'+$, $D-$	$S'+$	$D-$

资料来源：Meade（1951，P. 156）。

　　该表说明，有关国家只要按表中所示的办法，采取适当的财政货币政策和价格调节政策，就可以达成经济政策目标和手段之间的协调。以第一行为例，此时顺差国和逆差国的经济都处于衰退状况，顺差国应实行膨胀性的财政货币政策 $S+$，它既可以带动国内的经济增长和就业，实现国内平衡，又可扩大进口，减少和消除顺差，实现对外平衡。同时，顺差国的膨胀政策有助于扩大从逆差国的进口，这不仅可以减少和消除逆差国的国际收支逆差，还会刺激其经济回升，使逆差国同时获得内外均衡的目标。逆差国应实行货币贬值，它不仅可以扩大出口、消除逆差，还可以刺激国内经济复苏，摆脱衰退。同时，逆差国的贬值还有助于减轻顺差国的国际收支顺差，帮助顺差国实现对外平衡目标。该表第二行所描述的是顺差国经济萧条和逆差国经济繁荣的情况，此时不必进行价格调节，两国只要实行适宜的收入调节政策就可达到内外均衡。第三行的情况则相反，是不宜采用金融政策而宜采用价格调节政策的情况。

米德的政策配合理论论证了两大经济政策目标和手段之间的相互关系，指出了通过世界范围的协调配合，实现内外均衡的可能性。据说，实现了这种理想的配合，就可以通过国际间的监督和协调，建立自由的国际经济秩序，这是米德为资本主义经济发展描绘的一幅理想蓝图。但在现实世界，不仅工资、物价呈刚性使各国无法通过货币工资率的变动实行价格调节，而且布雷顿森林体系建立后，汇率的变动受到了严格的限制，各国再也难以指望通过汇率的频繁波动与财政货币政策配合来协调内外经济政策目标了，西方国家的政策制定者陷入了新的困境。固定汇率制度条件下内外平衡冲突的尖锐化导致了人们对布雷顿森林体系的怀疑，在 20 世纪 50 年代爆发了一场关于固定汇率制度和浮动汇率制度孰优孰劣的论战。但当时毕竟凯恩斯主义的政策主张占上风，自由浮动的汇率制度是没有市场的，30 年代竞争性的汇率贬值给国际经济贸易关系造成的巨大混乱也使人们心有余悸，不敢轻易地乞灵于浮动汇率制度。弗里德曼（Friedman, 1953）关于浮动汇率的鼓噪像过眼云烟，很快就烟消云散了。布雷顿森林体系是既定的前提，人们只能在固定汇率制度框架内解决内外政策目标的冲突问题，蒙代尔的政策配合理论就是在这种历史条件下应运而生的。

（二）"丁伯根法则"与"有效市场分类原则"

米德的理论告诉我们，欲同时实现两大经济政策目标，必须有两种政策手段相配合。这种政策配合思想在 20 世纪 50 年代初很流行，围绕着经济政策目标和手段的搭配问题，国际经济学界展开了热烈的讨论。大约与米德同期，首位诺贝尔经济学奖得主丁伯根（Tinbergen, 1952）出版了《论经济政策理论》一书，提出了著名的"丁伯根法则"（Tinbergen's Rule）：在一个经济体系内，有多少经济政策目标，就应该有多少政策工具。一石不能击数鸟，要获得两个独立的经济政策目标，至少须有两个独立有效的政策工具，要获得 n 个独立的经济政策目标，至少须运用 n 个独立有效的政策工具。但有时为了获得某一特定的目标而采用的政策工具会使该国更接近于另一个政策目标，相反的情况也时常发生，即为获得某一目标采用的政策手段反而使该国更远离于另一个政策目标。比如处于经济衰退和逆差的国家，旨在消除国内失业的扩张性财政货币政策会扩大逆差。丁伯根只是提到了经济政策目标应与达成目标的手段相等，但没有指出哪种政策手段应与哪个目标相配合。蒙代尔根据丁伯根法则，研究了固定汇率制度下内外平衡的冲突，提出了著名的"有效市场分类原则"（Principle of Effective Market Classification）：一种政策手段应当与它能施加最大影响的政策目标相配合。蒙代尔认为，一国的财政政策更能对国内平衡产生有效的影响，一国的货币政策更能对国外平衡产生有效的影响，因而用财政政策调节国内平衡，用货币政策调节国外平衡，就可在固定汇率制度下解决内外经济政策目标之间的冲突。蒙代尔承认，他的有效市场分类原则是丁伯根法则的"孪生物"（Mundell, 1962, P. 77），但他指出，丁伯根法则只是说明了经济体系内存在着一个解和其位置，但没有确定通向该解的任何一套相应的政策，为此就有必要调查动态体系的稳定性质。

　　从理论上分析，可以把内外均衡问题分为四种情况。第一种情况是外部均衡不包括资本账户，汇率是可以变动的；第二种情况是外部均衡包括资本账户，汇率是固定不变；第三种情况是外部均衡包括资本账户，汇率是可以变动的；第四种情况是外部均衡只限于经常账户，汇率是固定不变的。米德分析的是第一种情况，他认为这种情况下的内外均衡可以通过财政货币政策与汇率政策的配合来实现。布雷顿森林体系建立后，汇率作为政策工具受到了限制，就出现了第二种情况，蒙代尔探讨的就是在这种情况下，如何通过财政政策和货币政策的配合实现对内对外经济政策目标。既然蒙代尔认为，国际收支账户中的资本项目对利率差别是敏感的，那么分配财政政策于国内目标，货币政策于国外目标就是合理可行的。第三种情况介于米德和蒙代尔考察的情况之间，比较好解决，既然汇率容许变动，人们还是习惯于用汇率手段与财政货币政策配合，即用米德的办法来解决两大平衡的冲突问题。第四种情况最难，它使政策制定者处于两难的境地。既然汇率是固定的，这就排除了米德的办法，而国际收支又被定义为经常账户，蒙代尔的办法也不能奏效，它实际上等于强迫人们用一种政策工具去同时达到两个独立的政策目标，冲突是不可避免的。下面我们以第二种情况为例，讨论蒙代尔固定汇率制度下的政策配合理论。

（三）蒙代尔的政策配合理论

蒙代尔（Mundell, 1962）的政策配合理论是在"适当地使用货币政策和财政政策以实现内外稳定"一文中展开的。文章开宗明义："本文探讨的是在一个认为变动汇率或实行贸易管制为不明之举的国家获得内部稳定和国际收支均衡问题，如果资本流动对利率差反应敏感，假定货币政策和财政政策可用来作为独立的工具获得两个目标，那么结论就是，这种政策如何与其目标相配合是极其重要的。具体地讲，货币政策应着眼于外部目标，财政政策应着眼于内部目标，不遵守这个药方将会使不均衡状况比引入政策变动前更加恶化"（Mundell, 1962, P. 70）。

接着，蒙代尔考察了一国均衡的条件。他首先给内部平衡和外部平衡下了定义。所谓内部平衡指充分就业条件下，对国内产量的总需求等于国内产量的总供给，不满足这个条件就意味着或者存在着通货膨胀压力，或者存在着潜在的衰退威胁。所谓外部平衡指固定汇率条件下，贸易差额等于（净）资本输出。如果贸易差额超过资本输出，则有国际收支顺差，汇率趋于升值，如贸易差额低于资本输出，则有国际收支逆差，汇率趋于贬值。显然，蒙代尔已把国际收支定义为经常账户和资本账户两项，把资本流动因素引入了国际收支调节的范围。蒙代尔还假定所有的国外政策和出口需求都是一定的，这样一来，贸易收支就会随着国内支出水平的增加而恶化，资本流动则会对利率差做出敏感的反应。蒙代尔用政府预算盈余的增减代表财政政策，用利率的升降代表货币政策，于是，整个经济体系就可以用两个政策变量利率和预算盈余构成的几何图 4-1-1来表示。

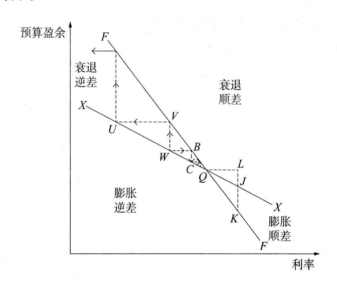

图 4-1-1

图中 FF 为"对外平衡曲线"，它是利率和预算盈余相结合点的轨迹，该曲线上的所有点都代表国际收支处于均衡状态。这条曲线的斜率是负的。因为利率的提高会通过减少资本输出（或吸引资本内流）和降低国内支出遏制进口两个渠道导致国际收支顺差，只有减少预算盈余，增加国内支出，扩大进口，才能维持国际收支平衡。也就是说，图中横轴和纵轴上的两个变量只有按相反的方向变动，才能维持对外平衡。对外曲线右上方的所有点都代表国际收支顺差，左下方的所有点都代表国际收支逆差。

图中的另一条曲线 XX 为"对内平衡曲线"，它是维持商品和劳务市场上充分就业均衡的利率和预算盈余相结合点的轨迹。对内平衡曲线的斜率也是负的。因为要想维持国内支出不变，利率的提高必须与预算盈余的减少相联系。当一国利率水平提高时，由于投资成本增加，国内的支出会相应地减少，为了维持充分就业条件下总供给与总需求的平衡，预算盈余必须降低，或者说财政支出必须增加才能予以补偿，即横轴和纵轴上的变量须按相反的方向变动，才能达到国内平衡，这就决定了国内平衡曲线 XX 的斜率也是负的。对内均衡曲线右上方的所有点都代表衰退，左下方的所有点都代表膨胀。

既然对内均衡与对外均衡曲线的斜率都是负的，就有必要比较两条曲线的陡峭程度。由于引入了资本流动，FF 曲线比 XX 曲线更陡，其陡峭程度既取决于国际资本流动对利率的反应，又取决于边际进口倾向。对内平衡曲线 XX 斜率的绝对值是国内支出对利率的反应和对预算盈余反应的比率，如果不考虑资本流动，国际收支只取决于国内支出（假定出口不变，进口只取决于支出），FF 曲线的斜率也是国内支出对利率的反应和对预算盈余反应的比率，两条曲线的斜率应当是相同的。但现实中资本流动与利率变动具有正相关的关系，利率的提高不仅会由于抬高投资成本使国内支出降低，进口减少，扩大贸易收支顺差，还会直接引起资本内流，扩大资本账户顺差。因此，要想维持国际收支均衡，预算盈余就必须以更大幅度的变动来抵消利率变动带来的双重影响，即预算盈余须更大幅度地减少，财政支出更大幅度地增加，以吸引进口，维持国际收支均衡，这在几何图上必然表现为 *FF* 曲线的斜率较之 *XX* 曲线的斜率更大。

对内平衡曲线和对外平衡曲线斜率的相对陡峭程度是政策搭配问题的关键。按照蒙代尔的有效市场分类原则，一种经济政策手段应当与它能施加最大影响的政策目标搭配。既然利率的变化不仅能通过影响国内支出来影响国际收支的经常账户，还会通过资本流动来影响国际收支的资本账户，而财政政策只能通过国内支出的变化影响国际收支的经常账户，理想的搭配自然是分配货币政策去调节对外平衡，分配财政政策去调节国内平衡，只有这样，经济体系才能处于稳定状态，相反的搭配只能使经济体系离均衡点越来越远。

图中 *FF* 和 *XX* 曲线的交点为国内国外同时均衡点，两条曲线划分出四个区域，代表四种组合。第 I 象限是衰退——顺差，第 II 象限是衰退——逆差，第 III 象限是膨胀——逆差，第 IV 象限是膨胀——顺差。在第 I、第 III 象限中，实现两大平衡的政策手段是没有冲突的。以第 I 象限为例，为了消除顺差实现对外平衡应实行松的货币政策，为了摆脱衰退实现对内平衡，也应采用松动银根的政策。就财政政策而言，旨在摆脱经济衰退实行的减少预算盈余、扩大政府支出的政策同时会产生扩大进口、减少顺差的效果。第 III 象限的情况也是同样，为了抑制膨胀应采用紧的财政和货币政策，这种双紧的政策同时有利于限制进口，吸引资本内流，达到消除国际收支逆差的目的。而第 II、第 IV 象限的情况就不同了，为了同时达到内外均衡，必须实行一松一紧的财政和货币政策搭配，不适当的搭配只能起到南辕北辙的效果。

接着，蒙代尔以第 II 象限为例，考察了两种不同的政策配合体系对两大平衡的影响。他首先考察了用利率政策应付内部平衡，财政政策应付外部平衡造成的不稳定后果。假定一国的经济形势是充分就业，国际收支逆差，即处于图中的 W 点：对内均衡，对外失衡。如果用紧的财政政策去矫正国际收支逆差，即通过增加预算盈余——减少支出来限制进口，就会移动到 V 点。在 V 点国际收支达到了均衡，但紧的财政政策却造成了经济衰退和失业——国内经济失衡。为了消除失业，政府又采用松的货币政策——降低利率来刺激经济回升，使经济移动到 U 点。U 点虽然实现了国内均衡，但却出现了比 W 点更大的国际收支逆差。其实 U 点的贸易收支逆差与 W 点是相同的，只是由于利率降低导致的资本外流，使国际收支逆差较之 W 点更加严重。为了矫正逆差，该国政府继续采用增加预算盈余的财政政策，限制进口，使经济又滑到更为严重的衰退和国际收支均衡点 F。随着调节过程的继续，利率和预算盈余距离 Q 点越来越远，调节负担越来越重，即为达到一种经济政策目标所付出的另一种目标损失的代价越来越大，这种政策搭配体系显然是不稳定的。

蒙代尔认为，如果采用相反的政策搭配，即用货币政策调节国外平衡，用财政政策调节国内平衡，经济体系就会处于稳定状态。让我们仍然从同一不均衡点 W 出发，先用紧的货币政策去矫正国际收支逆差，即用提高利率，吸引资本内流的办法使经济达到 B 点。在 B 点上逆差消失，国际收支出现平衡，但是高利率却会导致经济衰退——国内经济失衡，于是政府又用松的财政政策去应付失业，即用减少财政盈余，扩大政府支出的办法刺激经济回升，使经济达到了 C 点。在 C 点又出现了国内平衡，国际收支逆差的情况，不过此时的逆差较之调节前的 W 点要小得多。同样道理，C 点的贸易收支逆差与 W 点是相同的，但由于利率水平的提高引起的资本内流，使 C 点的国际收支逆差较之 W 点更小。按照这种搭配方式继续实行一紧一松的货币政策和财政政策调节下去，利率和预算盈余离均衡点 Q 越来越近，调节负担越来越轻，为达到一个经济政策目标所付出的另一个目标损失的代价越来越小，整个经济体系最终会走向均衡点 Q，这种政策搭配体系显然是稳定的。直观比较，W 点与均衡点 Q 相比，利率水平太低，预算盈余太高，合理的搭配只能是提高利率，降低预算盈余，只有利率政策用于外部平衡，财政政策用于内部平衡，才能驱使利率和预算盈余离均衡点 Q 越来越近。这种搭配方法同样适用于第 IV 象限，不过此时由于经济处于膨胀——顺差状态，应实行松的货币政策——降低利率、阻止资本内流以消除顺差；紧的财政政策——减少支出、增加预算盈余以抑制膨胀。但是，用货币政策调节对外平衡，用财政政策调节对内平衡这一基本原则是不变的，只有这样才能使经济体系恢复均衡状态。

最后，蒙代尔得出结论："在就业政策和国际收支政策只限于货币和财政手段的国家中，按这里的假定条件，货币政策应留作用来获得理想的国际收支水平，财政政策留作用来维持内部稳定，相反的体系将会导致失业的进一步加重，国际收支的进一步恶化"（Mundell, 1962, P. 76）。蒙代尔还进一步指出，其理由与有效市场分类原则相关，即政策手段应与它能产生最大影响的目标配合，"将财政政策用于外部目的，货币政策用于国内稳定违背了有效市场分类原则，因为利率对内部稳定的影响与其对国际收支影响的比率低于财政政策对内部稳定的影响与其对国际收支影响的比率，正是由于这个原因，相反的一套政策反应是符合这个原则的"（Mundell, 1962, P. 77）。

（四）政策配合理论简评

凯恩斯主义政策配合理论关于内外经济政策目标和手段之间的矛盾和冲突的分析，客观地反映了战后发达国家的实际情况。它表明，资本主义经济的发展已经到了靠传统的自动调节机制无法达到稳定的地步，西方国家政府不得不直接动用政策干预手段实现内外经济政策目标。即使这些直接的政策手段和目标之间也是充满着矛盾和冲突，为了实现一个政策目标常常不得不以牺牲另一个目标为代价，西方国家的政策制定者常常处于进退两难的困境。20世纪70年代西方经济的"滞胀"现象，暴露了发达国家对内经济政策目标和手段之间的冲突，菲利普斯曲线的位移表明，这些冲突靠传统的凯恩斯主义政策手段进行搭配是无法解决的。

政策配合理论反映了这种客观现实，力图在凯恩斯主义经济理论和政策的框架内解决这些矛盾。他们不仅开出了浮动汇率制度下用收入调节和价格调节相配合协调内外矛盾的药方，还提出了固定汇率制度下如何用财政政策和货币政策的配合实现内外同时均衡的政策主张，这不仅有助于缓和当时西方国家两大平衡目标之间的冲突，它倡导的一松一紧的政策搭配思想，对后来西方国家协调内外经济政策目标，甚至国内经济政策目标都产生了深远的影响。20 世纪 80 年代里根政府实行的财政政策和货币政策一松一紧、时松时紧的搭配，甚至在财政政策和货币政策本身的各种手段之间也实行松紧搭配，可以说是在政策配合理论基础上的进一步发展。正因为如此，西方经济学者曾把政策配合理论的提出看成是在国际经济学领域"作了一次巨大的突破"。（C. Kindleberger, 1977, PP. 813–860）蒙代尔为此在 20 世纪末获得了诺贝尔经济学奖。政策配合理论提出的这种政策搭配思想，对我国建立科学的宏观经济政策目标和手段搭配体系也值得吸取和借鉴。

　　特别值得指出的是，蒙代尔在布雷顿森林体系建立后，靠传统的汇率手段调节外部均衡受到限制的条件下，在国际收支调节理论的研究中，首次引入了资本账户，强调用调节国际资本流动的办法来平衡国际收支，这无疑是国际收支理论和政策研究的一个突破口。随着战后世界经济的发展，国际资本移动的规模越来越大，方式越来越复杂，变化越来越灵活，作用越来越重要，已成为一股独立的巨大力量，左右着世界经济的走势。目前世界上绝大多数国家已经把资本移动作为国际收支调节的重要内容，许多发展中国家甚至把实行经常账户逆差、资本账户顺差，靠吸引资本内流来平衡国际收支作为一种经济发展战略。不仅如此，由于引入了资本账户，国际收支理论就发展到了对总体平衡（overall balance）的研究，这就为蒙代尔的理论成为货币主义国际收支理论的出发点奠定了基础。

蒙代尔把利率变动引起的国际资本流动引入国际收支调节也造成了其分析中的一些问题。第一，关于资本移动的动因。按蒙代尔的解释，国际资本移动对利率变化的反应是敏感的，利率差成了资本流动的唯一动因。但现实世界中引起资本流动的原因是复杂的，资本移动常常受到资本输出和输入国经济、政治、法律制度，税收体制，人们的心理预期，地缘政治和突发性灾难诸多因素的影响。可以把资本移动的动因概括为求生和谋利，这两项何者为主，取决于客观具体的环境，它们常常是交替或混合起作用。当求生的动机大于谋利时，即便利率很低，资本也宁愿流到较安全的地方去逃避风险。忽视了这些因素的作用，显然是蒙代尔理论的不足。

第二，关于短期资本移动调节国际收支的长期性和稳定性。蒙代尔主张用提高利率，吸引短期资本内流的办法平衡国际收支只是一种暂时的措施，与其说这是对国际收支进行调节，不如说是一种推迟调节的权宜之计，它实际上是把国际收支失衡累积起来，推迟到以后再去调节。随着时间的推移，流入的资本造成的还本付息额越来越大，只能加重以后的调节负担。并且这种调节是以利率水平的不断提高为前提的，一旦利率水平的继续上涨受到阻碍，调节就会受到限制。资本内流也是有限度的，超过了一定的限度，由于担心逆差国家丧失偿还能力而违约，调节就会失灵。对那些渴望很快就能还本付息的国家来说，可以把这种方法作为应急措施，但是许多国际收支逆差是发展性、结构性和长期性的，这种用短期资本内流的办法调节国际收支无异于寅吃卯粮，这也是许多国家债务问题不断恶化的一个重要原因。

第三，蒙代尔在分析中还假定其他国家的政策不变，利率差引起的资本流动在国际间会不受阻碍地进行。实际上，不仅许多国家对资本流动施加管制，而且绝大多数国家的货币是不能自由兑换的，难以靠利率变动引起的资本流动来调节国际收支。不仅如此，利率政策还常常会引起连锁反应，由此触发的利率战、货币战会使调节机制失灵，导致或加重整个世界经济的衰退，这已常常成为战后世界经济的严酷现实。

第二节　对内对外的同时均衡
——IS-LM-EE 分析

我们在上节讨论了如何通过凯恩斯主义财政政策和货币政策或汇率政策的适当配合同时达到内外均衡。关于内外均衡问题的另一个常见分析框架是 IS-LM-EE 曲线分析，即运用凯恩斯主义的财政政策和货币政策或汇率政策，使 IS，LM 和 EE 曲线位移，以实现商品市场、货币市场和国际收支的同时均衡，这是本节所要讨论的内容。

（一）对内均衡——IS-LM 曲线

凯恩斯主义的收入决定理论只考察了商品市场上消费、投资和净出口的变化如何决定收入，即只考察了商品市场的均衡，而没有考察货币市场的均衡。英国经济学家希克斯（Hicks, 1937）和美国经济学家汉森（Hansen, 1953）对商品市场上收入水平的变化和货币市场上利率水平的变化同时进行了考察，探讨了利率和收入如何在投资、储蓄、流动性偏好和货币供给四个因素共同作用下同时决定，建立了著名的希克斯-汉森模型——IS-LM 曲线。

1. 商品市场的均衡——IS 曲线

商品市场的均衡指商品市场上总供给等于总需求。根据凯恩斯封闭经济的收入决定原理，其均衡条件为储蓄等于投资：$S(Y) = I(i)$。其中储蓄 S 为国民收入 Y 的递增函数，投资 I 在资本边际效率一定时为利率 i 的递减函数。商品市场上均衡的收入与利率水平可以用图 4-2-1 中的 IS 曲线表示。

图中，横轴为收入水平，纵轴为利率水平，IS 曲线是使储蓄与投资相等的收入与利率相结合点的轨迹。IS 曲线的斜率是负的，因为要维持储蓄与投资相等，收入的增加必须与利率水平的降低相结合，或利率的提高必须与收入的减少相结合。收入增加后，作为收入函数的储蓄也会依一定的边际储蓄倾向而增加。为了使储蓄与投资相等，投资也需要有相等的增加，由于投资是利率的递减函数，投资的增加只能通过利率水平的降低才能实现。同样，利率的提高会引起投资减少，只有收入也作相应的减少以降低储蓄，才能使储蓄与投资相等。也就是说，纵轴和横轴上的两个变量只有按相反的方向变动，才能实现商品市场的均衡。IS 曲线的右侧，由于收入过高，利率过高，储蓄大于投资；IS 曲线的左侧，由于收入过低，利率过低，储蓄小于投资；只有在 IS 曲线上，储蓄与投资才是相等的，商品市场才能实现均衡。

2. 货币市场的均衡——LM 曲线

货币市场的均衡指对货币的需求等于货币供给。根据凯恩斯的货币理论，货币供给 M 是由货币当局决定的外生变量，货币需求 L 可以分为交易需求、流动性需求和投机需求。前两种需求用 L_1 表示，它们随收入 Y 的增加而增加，即 L_1 为 Y 的递增函数；后一种需求用 L_2 表示，它随利率 i 的提高而降低，即 L_2 为 i 的递减函数。货币市场均衡的条件为：$\overline{M} = L_1(Y) + L_2(i)$。货币市场上均衡的收入和利率水平可用图 4-2-1 中的 LM 曲线表示。

图中，LM 曲线是使货币需求与供给相等的利率与收入相结合点的轨迹。LM 曲线的斜率是正的，因为为了维持 $\overline{M} = L_1 + L_2$，收入的增加必须与利率水平的提高相配合，或利率的降低必须与收入的减少相配合。收入增加后，人们对货币的交易需求和流动性需求 L_1 也会增加，在货币供给不变的条件下，为了维持货币市场的均衡，即 $\overline{M} = L_1 + L_2$，对货币的投机需求 L_2 须作等额的减少。由于 L_2 是利率的递减函数，这种减少只能通过利率水平的提高才能实现。同样道理，利率的降低会增加人们对货币的投机需求 L_2，只有收入作相应的减少，以降低

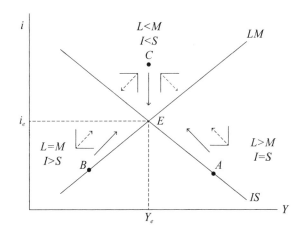

图 4-2-1   商品市场和货币市场的均衡——IS-LM 曲线

人们对货币的交易需求和流动性需求 L_1，才能使 $\overline{M} = L_1 + L_2$。

即纵轴和横轴上的两个变量只有按相同的方向变动，才能维持货币市场的均衡。LM 曲线的右侧，由于收入过高，利率过低，对货币的需求大于供给，LM 曲线的左侧，由于收入过低，利率过高，对货币的需求小于供给，只有在 LM 曲线上，货币的供求才是相等的，货币市场才能实现均衡。

3. 两种市场的同时均衡——IS-LM 曲线

两种市场的同时均衡，指在一定的利率和收入水平条件下，商品市场上储蓄等于投资，货币市场上对货币的需求等于货币供给的均衡状态。图 4-2-1 中，IS 与 LM 相交于 E 点，该点可以同时满足 $I = S$ 和 $L = M$ 两个条件，因而在这一点上，商品市场和货币市场同时实现了均衡。i_e 为两种市场同时均衡时的均衡利率，Y_e 为两种市场同时均衡时的均衡收入水平。E 点以外的任何一点都表明未能同时实现两个市场的均衡。

IS 和 LM 曲线的交点为经济体系的均衡点。但现实的收入与利率水平未必与 E 点相对应，大量普遍的现象是商品市场、货币市场或两个市场都不均衡。根据均衡经济学原理，如果偏离了均衡，经济体系内的自发力量会使其自动恢复均衡，即该模型具有内在的稳定性。假定经济体系位于 IS 曲线上的 A 点，此时商品市场均衡，货币市场不均衡：货币的需求大于供给。这种货币市场上的供不应求会迫使利率上升（人们为增加货币余额的持有而出售其他金融资产，使证券价格下降——利率上升），以降低投机需求 L_2。利率的上升还会遏制投资和收入，降低交易需求和流动性需求 L_1，使经济体系沿着 IS 曲线向均衡点 E 靠拢，最后达成两种市场的同时均衡。再假定经济体系位于 LM 曲线上的 B 点，此时货币市场均衡，商品市场不均衡：储蓄小于投资。这种商品市场上的供不应求会促使厂商扩大生产，增加收入和储蓄。收入的增加会导致交易需求和流动性需求 L_1 的增加，只有利率上升以降低投机需求 L_2，才能维持货币市场的均衡，使经济体系沿着 LM 曲线向均衡点 E 靠拢，最终达成两个市场的同时均衡。最后假定经济体系位于 C 点，该点既不在 IS 曲线上，又不在 LM 曲线上，商品市场和货币市场都出现了失衡。商品市场的失衡表现为储蓄大于投资，供给大于需求，于是产生了降低收入以减少储蓄，降低利率以扩大投资的压力，二者的合力使经济体系向 IS 曲线移动。货币市场的失衡表现为对货币的需求小于供给，于是产生了增加收入以扩大交易需求和流动性需求 L_1，降低利率以扩大投机需求 L_2 的压力，二者的合力使经济体系向 LM 曲线移动。由于此时经济位于两个市场都不均衡的 C 点，经济体系的运动方向必然是两种合力综合作用的结果，即沿着图中实线箭头的方向向均衡点 E 移动，最终达成两个市场的同时均衡。

4. 充分就业的均衡——财政政策与货币政策

IS，LM 曲线的交点实现的两个市场同时均衡，并不意味着充分就业的均衡。根据凯恩斯的有效需求原理，两种市场常常在小于充分就业的条件下达成均衡，这就需要政府运用适当的财政和货币政策进行调节，使 IS、LM 曲线移动，以实现充分就业的均衡。假定图 4-2-2 中 IS_1，LM_1 为期初的 IS，LM 曲线，i_1，Y_1 为期初的均衡利率和均衡收入，IS_2，LM_2 为充分就业时的 IS，LM 曲线，i_f，Y_f 为充分就业时的均衡利率和均衡收入。当 IS_1 与 LM_1 相交于 E_1 时，两种市场同时达到了均衡。

但此时均衡的国民收入 Y_1 小于充分就业时的收入水平，政府应当采用扩张性的财政政策——增加政府支出或降低税收使收入增加，IS 曲线向右上方移动，即由 IS_1 移到 IS_2。新的 IS_2 曲线与 LM_1 曲线相交于 E_2。此时收入和利率水平都提高了，但新的收入水平 Y_2 仍低于充分就业时的收入水平 Y_f，这是因为收入增加引起的利率上升在一定程度上抑制了政府支出的乘数作用。所以政府应同时采用扩张性的货币政策，增加货币供给。货币供给的增加会导致利率水平下降，投资增加，并通过投资的乘数作用使收入进一步增加，使 LM 曲

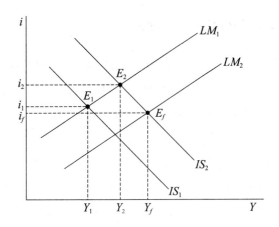

图 4-2-2　充分就业的均衡

线向右下方移动，即由 LM_1 移动到 LM_2。新的 LM_2 曲线与 IS_2 曲线相交于 E_f 点，此时商品市场和货币市场在充分就业的收入水平上同时实现了均衡。

　　可见，扩张性的财政政策由于同时提高了收入和利率水平，会使 IS 曲线向右上方移动；扩张性的货币政策由于在降低利率的同时，提高了收入，会使 LM 曲线向右下方移动。同理，紧缩性的财政政策则会同时降低收入和利率水平，使 IS 曲线向左下方移动，紧缩性的货币政策则会在提高利率的同时，降低收入水平，使 LM 曲线向左上方移动。据说，如果政府灵活地运用财政政策和货币政策，相机抉择，就可使两条曲线按着合意的方向移动，达到理想的经济政策目标——充分就业的均衡。

（二）对外均衡——EE 曲线

IS-LM 曲线分析考察了封闭经济中商品市场和货币市场的均衡，却没有考察开放经济的对外均衡即国际收支均衡。于是，经济学家又把 *IS-LM* 分析推演到开放经济，建立了对外均衡曲线 *EE*，探讨了开放经济条件下商品市场、货币市场和国际收支的同时均衡。开放经济的国际收支包括两个账户，经常账户和资本账户。经常账户差额取决于进出口，可表示为商品和劳务的净出口 F；资本账户差额取决于资本的内流和外流，可表示为在国外的净投资 K。如 $F-K=0$，或 $F=K$，国际收支达成均衡。净出口 F 随收入增加引起的进口增加而减少，即 F 为 Y 的递减函数；净国外投资 K 随利率的提高引起的资本内流增加和外流减少而减少，即 K 为 i 的递减函数，所以，开放经济的对外均衡条件为：$F(Y)=K(i)$。开放经济条件下国内商品市场，货币市场和国际收支同时均衡的收入和利率水平可用图 4-2-3 表示。

图中，*EE* 曲线为对外均衡曲线，它是国际收支均衡时利率和收入水平相结合点的轨迹。在这条曲线上 $F=K$，即国际收支既无顺差，又无逆差。同 *LM* 曲线一样，*EE* 曲线的斜率也是正的。因为收入提高会导致进口增加，净出口 F 减少，为了维持国际收支均衡，该国在国外的净投资 K 须相应地减少，只有提高利率，吸引资本内流或减少资本外流才能实现对外均衡。同样，利率的降低会导致资本外流，资本账户逆差，只有降低收入，抑制进口，增加经常账户顺差才能予以补

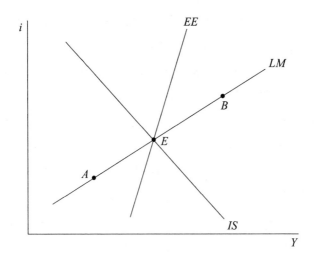

图 4-2-3　对外均衡——EE 曲线

偿。也就是说，横轴和纵轴上的两个变量须按相同的方向变
动，才能保持对外均衡。EE 曲线的右下方，由于收入过
高，利率过低，国际收支为逆差，EE 曲线的左上方，由于利
率过高，收入过低，国际收支呈顺差，只有在 EE 曲线上，国
际收支才处于均衡状态。

　　既然 EE 曲线和 LM 曲线的斜率都是正的，那么，哪条曲
线更陡呢？赖茨曼（Wrightsman, 1970）通过比较 EE 曲线和
LM 曲线对收入和利率变动的反应，认为通常情况下，EE 曲线
的斜率比 LM 曲线更陡。EE 曲线的斜率是净出口对收入水平
的反应和净国外投资对利率反应的比率；LM 曲线的斜率则是
货币交易需求、流动性需求对收入水平的反应和货币投机需求
对利率反应的比率。当一国经济出现衰退时，由于收入和利率
水平的同时下跌，人们会迅速地调整货币余额，使货币的供给

和需求在较低的收入和利率水平相结合点达成新的均衡，如图中的 A 点。此时货币市场是均衡的，但国际收支却发生了顺差，这说明，经济衰退增加净出口的收入效应大于衰退增加国外净投资的利率效应。换句话说，就达成了国际收支均衡的意义讲，新的利率水平仍然过高，未能有效地促使资本外流，新的收入水平却过低，未能吸引足够的进口，以消除顺差，所以才会出现货币市场的均衡点位于国际收支均衡点的左上方，即 LM 曲线从左上方与 EE 曲线相交。同样道理，当一国出现了繁荣时，人们对现金余额的调节会使货币的供求在较高的收入和利率水平相结合的点上达成新的均衡，如图中的 B 点。但国际收支却发生了逆差，货币市场上的均衡点位于国际收支均衡点的右下方，即 LM 曲线从右下方与 EE 曲线相交，这在几何图上必然表现为 EE 曲线比 LM 曲线更陡。

赖茨曼还认为，在开放经济中如其他条件不变，IS 曲线的斜率虽然仍是负的，但却比封闭经济中的 IS 曲线更陡。因为开放经济中作为收入递增函数的除储蓄 S 外，还有进口 M，因而商品市场的均衡条件为 $S(Y) + M(Y) = I(i) + X$。开放经济收入的变动不仅影响储蓄，还直接影响进口，所以为了维持商品市场的均衡，利率必须作更大幅度的变动，以影响国内投资，使其与收入变动引起的储蓄和进口的双重变动相适应，这就决定了开放经济的 IS 曲线比封闭经济的 IS 曲线更陡。

（三）对内对外的同时均衡——IS-LM-EE 曲线

经济学界关于内外均衡的 IS-LM-EE 分析框架，有若干不同的表述方式，这里我们以赖茨曼（Wrightsman，1970）的分析方法为代表，探讨固定汇率条件下，如何通过财政政策和货币政策的有效配合实现内外均衡。开放经济 IS、LM 和 EE 的交点意味着商品市场、货币市场和国际收支同时实现了均衡，但这种均衡并不等于充分就业的均衡。三条曲线的交点，可能位于充分就业的收入线之内，也可能位于充分就业的收入线之外，这就为政府采用适宜的财政政策和货币政策进行调节，使 IS，LM 曲线位移，以实现充分就业的内外均衡提供了空间。

先考察失业与国际收支逆差并存的情况。图 4-2-4 中，F 是充分就业的收入线，IS 与 LM 曲线在 EE 线的右下方 c 点相交，此时虽然实现了商品市场和货币市场的均衡，但却出现了国际收支逆差，并且 c 点的均衡为小于充分就业的均衡。就达成国际收支均衡而言，c 点的收入水平过高，未能有效地抑制进口，消除经常账户逆差；利率水平过低，未能有效地阻止资本外流（或吸引资本内流），克服资本账户逆差。由于 IS-LM 曲线的交点位于充分就业线 F 的左侧，这意味着相对充分就业而言，收入水平又过低，利率水平又过高。在这种情况下，如果任其自然发展，国际收支逆差会自动消失。因为逆差引起的货币外流会减少国内的货币供给（在固定汇率下），使 LM 曲线向左上方移动，直到与 EE 和 IS 相交于 b 点为止。

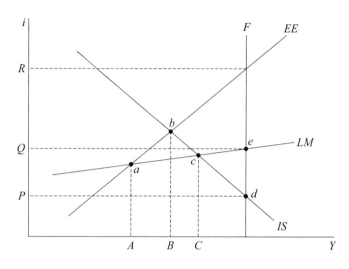

图 4-2-4　对内对外的同时均衡——IS-LM-EE 曲线

　　但是，LM 曲线的这种位移会使失业更加严重（b 点比 c 点离充分就业线更远），这是政策当局所不能接受的。如果对外均衡为首要政策目标，政府可采用紧缩性的财政政策，使 IS 曲线向左下方移动，在 a 点与 LM 和 EE 相交，为恢复对外均衡造成的收入损失为 AC。如果政府采用紧缩性的货币政策，使 LM 曲线向左上方移动，则会产生与储备货币外流，货币供给减少，逆差自动消失的同样结果。但它比采用紧缩性的财政政策所付出的收入损失代价要小些。因为 b 点与 c 点比，为消除逆差造成的收入损失为 BC，小于采用紧缩性的财政政策所造成的收入损失 AC。

　　如果政府以充分就业，而不是对外均衡为主要政策目标，则可运用扩张性的财政政策和货币政策实现这个目标。在这种情况下，货币政策就不如财政政策有利，因为恢复充分就业的扩张性货币政策（使 LM 曲线向右下方移动到 d 点），较之扩张性财政政策（使 IS 曲线向右上方移动到 e 点）要付出更大的国际收支逆差代价。图中，QR 是应用扩张性的财政政策实现充分就业时，欲达成外部均衡所需要的利率水平不足部分，PR 是应用扩张性的货币政策实现充分就业时，欲达成外部均衡所需要的利率水平不足部分。显然，应用财政政策较之应用货币政策实现充分就业，为恢复外部均衡所避免的净利率不足部分为 PQ。直观看来，e 点比 d 点离对外均衡曲线 EE 更近，逆差更小。可见，货币政策在达成外部均衡目标方面优于财政政策，财政政策在达成充分就业目标方面优于货币政策，这与蒙代尔的有效市场分类原则也是一致的。赖茨曼指出，财政政策和货币政策之间这种比较优势关系的意义在于：失业和逆差问题可以用扩张性的财政政策和紧缩性的货币政策之间的有效搭配同时得到解决。

图 4-2-5 中，如果政府用扩张性的财政政策使 IS 曲线向右上方移动到 I'S'，同时运用紧缩性的货币政策使 LM 曲线向左上方移动到 L'M'，I'S'、L'M' 和 EE 三条曲线就会在充分就业线 F 上相交于 E 点，以实现充分就业条件下的内外均衡。充分就业收入的实现在于运用了扩张性的财政政策，外部均衡的实现在于扩张性的财政政策和紧缩性的货币政策将利率提高到了必要的水平。在 E 点上，不仅实现了国内商品市场和货币市场在充分就业水平上的均衡，即对内均衡，而且还实现了国际收支均衡。

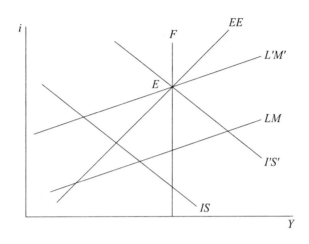

图 4-2-5　对内对外的同时均衡——扩张性财政政
策与紧缩性货币政策搭配

　　另一种情况是通货膨胀与国际收支顺差并存，即图 4-2-6
中的 a 点。此时可以运用相反的政策搭配进行调节，即用松的
货币政策与紧的财政政策配合，使 LM 和 IS 曲线分别向相反的
方向移动到 L'M' 和 I'S'，在充分就业线上与 EE 相交于 E
点，达到充分就业条件下对内对外的同时均衡。但是赖茨曼认
为，通货膨胀顺差国家可以不必像失业逆差国家那样，求助于
政策措施去调节，因为两种情况并不是对称的。在失业逆差条
件下，如果劳工市场上工资呈刚性，尽管失业存在，收入未必
不均衡，政府的干预不过是代替市场的均衡力量去减少失业。
而在膨胀顺差条件下，只要存在着通货膨胀，收入就必然不均
衡，在这种情况下，上升的价格水平会产生各种自动均衡的力
量，使 IS、LM 和 EE 曲线向不同的方向移动，在不求助于政

府财政货币政策的条件下，消除顺差和通货膨胀。[1] 然而，经济体系能否自动恢复均衡，取决于各种力量的动态对比，通货膨胀-顺差问题也可能自动转化为失业-逆差问题，一旦这种情况出现，政府就可运用上述政策配合手段进行干预，以恢复均衡。

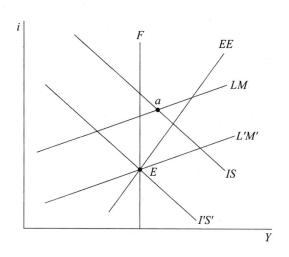

图 4-2-6　对内对外的同时均衡——扩张性货
币政策与紧缩性财政政策搭配

第三节　政策调节理论简评

第二节介绍的 *IS-LM-EE* 分析是在假定固定汇率条件下，探讨如何运用财政政策和货币政策使 *IS* 和 *LM* 曲线移

---

[1]　Wrightsman（1970，P. 208）还具体讨论了通货膨胀如何使 *IS*、*LM* 和 *EE* 曲线位移，以及经济体系自动恢复内外均衡的动态条件和可能性。

动，在充分就业的收入水平上与 *EE* 曲线相交，以达到内外均衡。由于汇率是假定不变的，所以对外均衡曲线 *EE* 并没有发生位移。经济学教科书中通常把这种运用财政和货币政策手段增加或减少国内总支出，以实现内外均衡的政策称为"支出变动政策"（Expenditure Changing Policies）。在这里，财政政策和货币政策是被作为两个独立的政策手段来实现两个独立的经济政策目标——内部均衡和外部均衡。在汇率的变动受到限制的条件下，支出变动政策显然是不可多得的政策选择。

如果我们放弃汇率不变的假定，应当采取怎样的政策手段配合，才能实现内外均衡呢？汇率变动不仅影响 *IS* 和 *LM* 曲线，还会直接影响 *EE* 曲线，使其位移。汇率贬值会通过扩大出口、限制进口，使 *IS* 曲线向右上方移动；汇率贬值引起的价格水平上涨会减少实际货币供给，使 *LM* 曲线向左上方移动；汇率贬值对国际收支逆差的直接矫正作用意味着国际收支可以在较高的收入和较低的利率水平上达成均衡，表现为 *EE* 曲线向右下方移动。由于汇率的变动可以使三条曲线同时移动，特别是使 *EE* 曲线位移，这就给政策制定者以更大的回旋余地，使他们得以审时度势，同时运用财政政策、货币政策和汇率政策，使 *IS*、*LM*、*EE* 曲线按合意的方向移动，实现内外同时均衡的目标。

由于汇率变动是通过将支出由国外转移到国内的商品和劳务上（贬值），或由国内转移到国外的商品和劳务上（升值）的方式实现内外均衡，经济学教科书中通常将汇率政策称为"支出转移政策"（Expenditure-Switching Policies）。在财政政策、货币政策和汇率政策并用时，财政政策和货币政策可作为实现对内均衡的独立的政策手段，汇率政策可作为实现对外均衡的政策手段。这种政策搭配体系在战前浮动汇率时期曾被广泛采用，20世纪70年代实行浮动汇率以来又重新流行。在 *IS-LM-EE* 模式中，价格水平在实现充分就业前是假定不变的，但现实世界中物价水平在充分就业实现以前可能已经开始上涨。菲利普斯曲线的位移意味着稳定物价的目标越来越重要。根据丁伯根法则，欲实现三个独立的政策目标，至少须有三个独立的政策手段，于是，西方国家不得不用财政政策对付失业，货币政策对付物价上涨，汇率政策对付对外失衡，三箭齐发，射向三个目标。

西方国家实现对外均衡的另一个政策手段是直接管制（direct controls），即用关税，进口限额和外汇管制等其他一些措施直接对国际贸易和资本流动施加限制。直接管制实质上也是一种支出转移政策，不过它着眼于国际收支账户中的一些特定项目，而不是像汇率变动那样同时适用于国际收支的所有项目。直接管制由于违背了资本主义世界的"竞赛规则"，会引起连锁反应，所以西方国家在采用这一手段时比较慎重。

同蒙代尔的政策配合理论一样，*IS-LM-EE* 分析也将资本账户引入国际收支调节范围，在承认国际资本流动对利率差反应敏感的前提下，靠利率变动引起的资本移动弥补经常账户的失衡，通过财政政策和货币政策的适当配合实现内外均衡。它不仅恪守了"有效市场分类原则"，而且在具体的政策搭配方式上也同蒙代尔的主张如出一辙：财政政策主内，货币政策主外，只不过采用了更为流行的宏观经济分析工具而已。因此，对蒙代尔理论的分析评价也同样适用于 *IS-LM-EE* 分析，其要害在于资本流动调节国际收支的短期性，无视国际收支失衡的具体原因。许多经济学家把这种方式称为对国际收支进行短期"融通"（finance）而不是调节，它在求得存量平衡的同时常常造成流量的不平衡。由于这些政策手段的实施要以逆差国家持续上升的利率水平为前提，这又与经济增长目标发生冲突。于是，许多国家的货币当局采用了一种转换利率期限结构的办法，即维持较低的长期利率水平以实现经济增长，提高短期利率水平以稳定物价和实现对外均衡。具体做法是在公开市场上出售短期证券压低其价格以抬高短期利率，购买长期证券抬高其价格以降低长期利率，但在实践中成效不大。

蒙代尔的政策配合理论和 *IS-LM-EE* 分析还假定，政府可灵活自如地运用财政政策和货币政策以实现其政策目标。但一种政策措施从识别、决策、实施到生效有很长的时滞间隔，并且会受到来自许多方面的阻力。就财政政策而言，无论变动政府支出还是税收，特别是像增税这样的方案，由于涉及不同的利益集团，会受到很大的阻力，须得到立法机构的通过方可实施，因而常常坐失良机。许多发达国家货币政策是由独立或半独立的中央银行执行的，很难与财政政策进行如意的协调，因而使经济学家们苦心孤诣的政策配合药方在实践中屡屡受挫或失效。

第五章 货币主义国际收支理论

货币主义国际收支理论产生于 20 世纪 60 年代末和 70 年代初，由美国芝加哥大学经济学教授蒙代尔（Mudell, 1968, 1971）和约翰逊（Johnson, 1972）等人提出。在国际经济学文献中，这一理论又被称为国际收支的货币分析（Monetary Approach to the Balance of Payments）。货币主义国际收支理论是芝加哥学派货币主义理论在国际经济学领域的引申、运用和发展。20 世纪 70 年代随着西方经济"滞胀"现象的出现，后凯恩斯主流经济学发生了危机，货币学派的影响日益扩大，与此相适应，货币主义的国际收支理论也得到了迅速的发展，成为当时国际收支理论中占统治地位的一种学说。

关于货币主义的国际收支理论，除蒙代尔、约翰逊外，其他一些经济学家也作过重要的贡献，如芝加哥大学的弗兰克尔和约翰逊（Frenkel and Johnson, 1976）、麻省理工学院的多恩布什（Dornbusch, 1973）、普林斯顿大学的克莱宁和奥菲瑟（Kreinin and Officer, 1978）以及华裔经济学家蒋硕杰（Tsiang, 1961）等人。不同学者的论述方法不尽相同，为了便于读者的理解，本章尽量对他们的主要观点作通俗的概述。

第一节 基本命题

国际收支的货币分析被认为是一种与传统的国际收支理论完全不同的分析方法。他们认为，国际收支实质上是一种货币现象，货币在长期内无论作为国际收支均衡的扰乱因素或调节因素都发挥着决定性的作用。货币学派在其分析中提出了一系列的假定前提：第一，假定实行的是固定汇率制度；第二，长期内经济处于充分就业的均衡；第三，对货币的需求是收入等变量的稳定函数；第四，货币供给的变化不影响实际变量，固定汇率制度下，价格、利率等都是不受货币供给影响的外生变量；第五，由于商品间高度的替代弹性和资本高度的流动性，长期内各国价格水平和利率水平是一致的；第六，各国货币当局对外汇储备变化造成的货币供给变动不采取"封存政策"（sterilized policy）。

从这些假定前提出发，货币主义认为，一国的国际收支不均衡是由其国内货币供给与货币需求的不均衡造成的，是一种货币性的不均衡。国际收支逆差产生于该国的货币供给超过对货币的需求，在固定汇率制度下，超额部分的货币供给会流到国外，表现为国际收支逆差；国际收支顺差产生于对货币的需求超过货币供给，这些超额的货币需求会通过国外货币的流入得到满足，表现为国际收支顺差。当过多的货币供给流到国外，或过多的货币需求通过货币内流得到弥补时，逆差或顺差就会自动消失。因此，国际收支失衡是一种暂时的现象，反映了货币市场上存量的不均衡，这种不均衡在长期会自动地趋于矫正。国际收支的各种账户就像通往外部世界的"窗口"，通过这个窗口，过多的国内流量需求和过多的国内流量供给都会"结清"（Frenkel and Johnson, 1976, P. 21）。

货币主义按"自下而上"（the bottom up）的方式观察国际收支，他们集中考察国际收支中的官方结算项目，或称线下项目，只探讨国际收支账户中这一部分的变化对一国货币基数和货币供给的影响，而把所有的线上项目，包括经常账户和资本账户混在一起，不去加以分析或解释。下面先介绍固定汇率制度下货币主义的国际收支理论，然后再去考察货币学派对浮动汇率和世界性通货膨胀的解释和分析。

第二节　固定汇率制度下货币学派的国际收支理论

（一）国际收支失衡的原因

既然货币学派认为，一国国际收支的失衡产生于国内货币市场的失衡，即国内货币需求与货币供给之间的失衡，因而探讨国际收支失衡的原因需要从货币的需求和供给两个方面考察。先考察对货币的需求。货币数量论是货币学派的理论基础，传统的货币数量论以费雪的交易方程式最为著名：$MV = PT$。其中，M 代表货币数量，V 代表货币流通速度，P 代表一般物价水平，T 代表实际产量。按照费雪的解释，一国的货币流通速度 V 和实际产量 T 在短期内可假定不变，因而货币数

量 M 与价格水平 P 成正比例变动。在剑桥学派的货币数量方程式 $M_d = kPy$ 中，货币流通速度用人们平均经常保存在手边的货币量与名义国民收入之间的比例 k 表示，它是货币流通速度 V 的倒数，即 $k = \dfrac{1}{V}$。其中 y 代表实际产量，Py 代表名义国民收入，kPy 代表对名义货币余额的需求。费雪的交易方程式在强调技术和制度因素对货币流通速度的影响时，排除了利率变动在短期内对货币需求的影响，而剑桥学派方程式在强调人们的收入和财富对货币需求的影响时，并没有排除利率变动对货币需求的影响。

现代货币数量论是一种关于货币需求的理论，他们把 $M = kPy$ 看成是一个货币需求函数，用约翰逊的公式表示：$M_d = pf(y, i)$（Frenkel and Johnson, 1976, P. 156）。其中 M_d 代表名义国内货币需求量，y 代表实际产量，i 代表利率或持有货币的机会成本，p 代表国内和国外的价格水平。货币学派认为，货币流通速度虽然不是固定不变的，但却很稳定，与影响它的经济变量之间有着稳定的函数关系。因此，一国对名义货币余额的需求是稳定的，是实际产量，利率和国内外价格水平的稳定函数。

货币学派认为，货币供给是一国货币基数的一定倍数，即 $M_s = m(D + F)$。其中，M_s 代表一国的全部货币供给，D 代表该国货币基数中的国内部分，F 代表货币基数中的国外部分，m 代表货币乘数[①]。货币基数中的国内部分 D 指一国货币当局创造的国内信用或支持该国货币供给的国内资产，货币基数中的国外或国际部分 F 指该国的国际储备，它通常随国际收支的顺差或逆差而增加或减少。$D + F$ 为货币基数，又被称为"高能货币"。在部分银行储备制度下，根据货币乘数原理，一国货币基数的增加或减少会导致该国货币供给的成倍增加或减少。

货币学派认为，货币供给和需求的平衡是国际收支平衡的先决条件。假如一国起初货币市场均衡，即 $M_d = M_s$，由于某种原因，比如国民收入增加引起对货币需求增加，这种增加的货币需求既可以通过货币基数中的国内部分 D 的增加来满足，也可以通过国际储备 F 的内流来满足，以恢复货币供求的平衡。由于货币学派假定，该国货币当局不实行封存政策，即不因货币需求的增加而提高货币基数的国内部分，超额部分的货币需求就只能通过国际储备 F 的增加来满足，这就会表现为国际收支顺差。如果货币需求不变，货币基数中的国内部分 D 增加从而导致货币供给 M_s 增加，这种增加的货币供给就会流到国外，表现为该国货币基数中 F 部分的减少，国际储备外流，发生国际收支逆差。可见，一国的国际收支顺差，起因于对货币存量的超额需求未能通过货币基数中国内部分的相应增加来满足，或者说，起因于货币供给不足，只能通过外币的流入来满足。一国的国际收支逆差则起因于货币存量

---

① 约翰逊没有讨论货币乘数，其公式为 $M_s = R + D$，R 代表国际储备（Frenkel and Johnson, 1976, P. 157）。

的超额供给未能通过货币当局的行为加以消除，而是以储备外流的形式消失到国外，即起因于货币供给过多，只能以外流的方式恢复平衡。国际收支顺差是一种与货币供给不足相联系的货币现象，国际收支逆差则是一种与货币供给过多相联系的货币现象，一国的国际收支失衡完全是货币供求的失衡造成的。

货币学派的观点可以概括为 $mF = M_d - mD$。其中，国际储备乘货币乘数 mF 为国际收支差额，正号表示储备内流——国际收支顺差，负号表示储备外流——国际收支逆差。显然，顺差产生于对货币的需求大于国内供给，即 $M_d - mD > 0$，逆差产生于国内的货币供给大于需求，即 $M_d - mD < 0$。

不难看出，货币分析与吸收分析是一脉相承的，以至于有人把他们称为"同一枚硬币的两面"。不妨比较一下两个等式。

$$B = Y - A$$

$$mF = M_d - mD$$

在吸收分析等式中，国际收支逆差意味着国内产品市场上供不应求，这必然会表现为货币市场上的供过于求。也就是说，吸收分析中对产品的需求或支出在货币分析等式中表现为货币的供给，而吸收分析中产品的供给或收入在货币分析等式中则表现为对货币的需求。二者的区别仅在于：吸收分析注重的是逆差的实物面，强调商品市场的均衡，而货币分析注重的则是逆差的货币面，强调货币市场的均衡。较之吸收分析，货币分析更具有一般性，它探讨的是国际收支的"全面均衡"，而吸收分析只考察国际收支的经常账户。

（二）国际收支失衡的自动矫正过程

按照货币学派的观点，在固定汇率条件下，一国的国际收支顺差或逆差是一种暂时的现象，在长期内存在着自动均衡的趋势。当过多的货币需求或供给通过国际储备的内流或外流得以补偿或消除后，货币的需求和供给就会恢复均衡，国际收支的顺差或逆差也会随之消失。可见，货币主义是把顺差或逆差看成是货币市场上存量调节的阶段。当然，这种自动调节过程是以货币当局不实行封存政策或中性化货币政策为前提。如果逆差国家的货币当局在公开市场上购买有价证券，向流通中投入相当于国际收支逆差部分的货币，那么，尽管逆差会导致该国货币基数中国际储备部分 F 的减少，但由于 D 的相应增加，货币基数仍然不变，逆差也会继续存在，直至该国耗尽国际储备，或停止封存政策为止。换言之，只要存在着超额的货币供给，逆差就会存在。

货币主义虽然指出了一国国际收支失衡的原因及其自动均衡的趋势，但并没有详细说明国际收支的动态调节过程。按照他们的思路，这种自动调节机制大概是这样运行的：人们总是要在平均经常保存在手边的货币量与名义收入之间建立一种符合愿望的关系，对货币的需求超过货币供给意味着人们对货币余额需求的增加，于是，人们就会减少对国内外商品和劳务的支出和在国内外的投资，直至到手中的货币余额增加到理想的水平为止。对国内商品和劳务购买的减少等于留出更多的商品和劳务以供出口，国内投资的减少等于留出更多的国内投资机会给国外投资者，这就会改善贸易收支和资本账户；对国外商品和劳务购买的减少和在国外投资的减少则会直接改善经常账户和资本账户，表现为国际收支顺差。相反，当一国的货币供给超过需求时，人们为了摆脱过多的货币余额，就会增加对国内外商品和劳务的购买，增加在国内外的直接投资和购买证券，前者会减少出口（减少了可供出口的商品和劳务）和扩大进口；后者会遏制资本内流（减少了留给国外的投资机会）和导致资本外流，这些无疑会表现为国际收支逆差。货币主义认为，在一国货币当局不采用中性化货币政策时，造成国际收支顺差的原因，即货币供给的不足会以储备内流的形式得到补偿，以克服货币需求的失衡，使顺差消失；同样，酿成逆差的原因，即过多的货币供给，会以储备外流的形式消释到国外，以恢复国内货币市场的供求平衡，使逆差消失。也就是说，既然造成国际收支失衡的原因是国内货币供求的失衡，那么在固定汇率制度下，这种货币供求的失衡会以货币基数中国际储备部分的自动增加或减少，以改变货币存量的方式得到解决。随着国际收支失衡原因的消失，国际收支会自动地恢复均衡。显然，货币学派描述的国际收支自动均衡是一个长期的过程，根据他们的估计，大约需要1—10年的时间。

货币主义描述的国际收支调节机制与我们第一章介绍过的金币-价格流动机制相似，二者都依赖国际收支失衡引起的国际储备流动来自动矫正国际收支失衡。不同的是，在古典学派的世界中，顺差或逆差引起的金币流动，是通过改变顺差和逆差国家商品的价格水平去改变贸易流量的方式消除失衡，而在货币主义的模式中，长期内两国商品的相对价格水平是不可能也没有必要发生变化的。因为货币主义认为，固定汇率制度下由于商品套购的作用，同种货币表示的同一种商品的价格，在不同国家的市场上是相同的，即所谓的"单价法则"（Law of One Price）。同样，由于货币市场上套利的作用，同种货币表示的不同国家的利率水平也是相同的，即所谓的"单利法则"（Law of One Interest Rate）。这种"全球货币主义"（global monetarism）观点，是以国际商品市场和货币市场完全一体化，各种商品和各种资产之间存在着完善的替代关系为前提的。既然如此，在货币学派的模式中，顺差或逆差引起的国际储备流动就不可能也没有必要求助于商品相对价格的变动来矫正失衡，而完全可以通过改变货币市场上的货币存量来调节国际收支。

按照货币主义的分析，固定汇率制度下，一国在长期内失去了对货币供给的控制。当对货币的需求不变时，货币当局任何增加货币供给的行为都会导致超额货币供给部分外流，以逆差的形式消失到国外，因而松动银根政策的长期影响无非是改变该国货币基数的构成，即增加 D，减少 F，而不会改变整个货币基数（$D+F$）。同样道理，抽紧银根的政策也只会减少 D，增加 F，该国的货币基数从而货币供给也不会改变。而储备货币国家的情况则不同。比如美国，由于美元外流后，国外会把这些美元作为国际储备继续存放在美国的银行，因而这种外流并不会改变美国的货币基数和货币供给，只会导致其他国家国际储备和货币基数的变化。也就是说，国际储备流动对储备货币国货币基数的影响和非储备货币国货币基数的影响是不对称的，当非储备货币国家货币基数的国际部分受到储备货币流动的影响时，储备货币国家的货币基数却没有改变。因此，储备货币国家对其货币供给仍然拥有很大程度的控制能力，使其得以有效地运用货币政策。

货币主义认为，经济政策能够影响国际收支的唯一途径是通过影响国内的货币需求和货币供给。固定汇率制度下任何增加货币需求的政策都会导致储备货币内流，造成国际收顺差。比如货币贬值、关税、进口限额和复汇率等措施，由于提高了贸易商品和非贸易商品的国内价格，会导致对名义货币余额需求增加，如果货币当局不增加货币供给，这种增加的需求就只能靠储备货币的内流来满足，导致国际收支顺差，直到超额的货币需求完全消失，货币市场上货币存量的供求恢复均衡为止。如果货币当局相应地扩大了货币供应，就不会发生储备货币内流，贬值、关税、进口限额、复汇率等政策措施就会失效。由于货币学派认为，固定汇率制度下国际收支的失衡迟早会通过储备货币的流动自动得以矫正，那么从长期看，这些政策措施是没有必要的。但在短期内，旨在消除逆差的货币贬值、关税和进口限额等措施，由于提高了价格水平导致货币需求增加，有助于吸收过多的货币供给，可加快国际收支的调节过程。

（三）两个革命性推断

货币主义认为，一国国际收支的失衡可能产生于持续的经济增长。如果经济增长引起的货币需求增加没有通过货币基数国内部分的相应增加来满足，该国就会发生国际收支顺差，储备就会逐年增加，这就是 20 世纪 60 年代末和 70 年代初西德发生的情况。[①] 也就是说，西德经济持续增长导致的对货币需求的增加，超过了其货币供给国内部分的增加。有趣的是，按照凯恩斯主义的解释，一国国民收入的增长会导致进口增加，恶化该国的国际收支，即收入与国际收支负相关。而在货币主义的模式中，国民收入增加会扩大对货币的需求，吸引国际储备内流，改善该国的国际收支，即收入与国际收支正相关。这是货币主义关于收入与国际收支关系的一个不同于凯恩斯主义的"革命性"推断。大概在货币主义的模式中，收入增加导致对货币需求增加所吸引的储备货币内流，大到足以抵消收入机制所描述的收入增加对贸易收支的不利影响，以至于国际收支总体上还是得到了改善。

　　货币主义还认为，一国利率水平下降，由于降低了持有货币余额的机会成本，会导致对货币需求增加，如果货币当局不扩大国内的货币供给以满足这种增加的需求，就会引起储备货币内流，表现为国际收支顺差，即利率与国际收支存在着负相关的关系。这是货币主义与凯恩斯主义关于利率与国际收支正相关不同的另一个"革命性"推断。这大概也是由于在货币主义的分析中，利率降低产生的对货币余额需求的增加所引起的储备货币内流，大到足以抵消凯恩斯主义所描述的利率降低

---

① 改革开放以来，在我国经济高速增长的同时，也出现了国际收支持续顺差，国际储备剧增的现象。我们将在第六章对这一现象作具体的分析。

导致的资本外流效果。

货币主义最重要的政策结论就是，既然固定汇率制度下国际收支失衡是暂时的，在长期内会通过储备货币的内流或外流自动消失，那么，任何矫正国际收支失衡的政策措施通常是没有必要的。一国持续的国际收支逆差意味着该国实行了过度的货币扩张政策，欲维持国际收支的长期均衡，该国应控制好国内的货币供应量，即遵守所谓的"单一规则"。

第三节　对浮动汇率和世界性通货膨胀的解释

货币主义认为，在浮动汇率制度下，一国国际收支的失衡可以通过汇率的自发涨落加以矫正，而不会引起储备货币的国际流动，因而货币当局又获得了对货币供给和货币政策的控制能力。由于浮动汇率条件下，价格和利率为内生变量，国际收支调节是通过汇率变动引起的价格水平变动进行的，但其调节机制与传统的机制不同。由于汇率可以变动，超额货币供给产生的国际收支逆差会导致汇率贬值，贬值引起的物价上涨会通过扩大货币需求，吸收超额货币供给的渠道，使国际收支逆差自动消除。同样道理，超额货币需求产生的国际收支顺差会使汇率升值，升值引起的价格水平下降会减少对货币的超额需求，以消除国际收支顺差。

货币主义指出，一国用外币表示的本币的实际交换价值是由该国货币供给和实际收入与其他国家货币供给和实际收入之间的相对增长率决定的。① 假定其他国家的实际收入，对货币的需求以及货币供给的增长为零，当本国货币供给的增长超过实际收入和对货币需求的增长时，该国就会出现物价上涨和货币贬值，反之，则会出现物价下跌和货币升值。因此，货币贬值源于过量的货币供给增长，货币升值源于货币供给增长的不足，面临着较大通货膨胀压力的国家会发现其货币下浮，面临较小通货膨胀压力的国家会发现其货币上浮。据说，20 世纪70 年代美元的贬值就是由于美国过多的货币增长和较大的通货膨胀压力造成的，而同期西德马克的升值则是西德较低的货币增长和较小的通货膨胀压力所致。货币主义还认为，人们对通货膨胀的预期也会从相反的方向影响该国的汇率。现行的灵活汇率制度是浮动汇率与固定汇率的结合，这种汇率制度下国际收支的逆差，部分地通过货币贬值得以自动矫正，部分地通过国际储备的流失得以纠正。由于管理浮动汇率制度下货币供给一定程度上受到国际储备流动的影响，因而货币政策在一定程度上失去了效力。

在此基础上，货币学派还试图对世界性的通货膨胀进行解释和说明。如果每个国家都维持平衡的预算，并按照其实际经济增长率来确定货币供给的增长率，每个国家的价格水平都会

---

① 约翰逊认为，由于浮动汇率条件下一国国际收支的失衡会通过汇率的自发涨落得以自动矫正，"货币分析的分析焦点便从国际收支的决定转移到了汇率的决定。这是个简单的重点转换，就像卡塞尔（Cassel, 1928）或者把购买力平价视为固定汇率制度下一国的价格水平通过汇率决定，或者视为浮动汇率制度下一国的汇率通过其国内货币供给决定一样，如此足够清晰明白"（Frenkel and Johnson, 1976, P. 29）。

是稳定的。即便一些国家的货币供给增长超过其实际经济增长，只要这种情况会被其他一些国家的实际经济增长超过货币供给增长所抵消，世界平均价格水平也会是稳定的。也就是说，只要全世界的货币供给增长率等于全世界的实际收入增长率，长期内全世界的平均物价水平将趋于不变。因此，货币主义把世界范围的通货膨胀归因于世界货币供给增长过多，认为世界通货膨胀总是或多或少地与整个世界的货币增长超过实际收入增长直接相联系。那些货币增长快于世界平均速度的国家在固定汇率制度下会发生储备货币外流，将通货膨胀输出到国外，这就是 20 世纪 60 年代末和 70 年代初在美国发生的情况。然而，在固定汇率条件下，逆差国和顺差国都无法持续地实行封存政策，以防止储备货币流动影响其货币供给。从长期看，顺差国家不得不或者放弃稳定国内物价目标，或者允许其货币升值，这就是 20 世纪 60 年代西德发生的情况：大量的储备货币内流导致了通货膨胀和马克升值，人们对西德较低通货膨胀率的预期也起了推波助澜的作用，发达国家价格水平向上变动的灵活性和向下变动的刚性也强化了世界性通货膨胀的势头。

第四节　资产平衡分析

（一）证券组合分析（Portfolio Balance Approach）

国际收支的货币分析集中考察了货币市场上货币供求的失

衡如何表现为国际收支的失衡，以及这种失衡如何通过储备货币的外流和内流（固定汇率制度下），或汇率的贬值和升值（浮动汇率制度下）自动地得以矫正，但它却忽略了其他金融资产供求的变化对国际收支的影响。资产平衡分析把对货币供求的分析扩展到对各种金融资产组合的分析，力图克服货币分析的这种不足。货币只是金融资产的一种，一国的居民和企业通常还通过持有国内外其他金融资产的方式来持有他们的财富。持有证券可以获取收益或利息，但却要冒违约和证券市场价格波动的风险；持有本国货币虽然没有这种风险，但却得不到收益。因此，持有本国货币的机会成本是放弃的证券收益，证券收益越高，人们对货币的需求就越低。通常在某个时点上，人们对其财富的持有表现为对货币和国内外金融资产持有的组合，这种组合反映了他们的选择偏好和风险厌恶程度。

持有国外证券还要额外承担外币贬值的风险，但同时却可以通过这种"多样化"（diversity）的组合来分散风险。因此，一个理想的金融资产组合是持有一部分国内货币以满足交易需求，一部分国内证券获取证券收益或利息，一部分国外证券获取国外证券收益、利息和分散风险。一国的居民和企业通常会依据他们的偏好、累积的财富、国内外利率水平以及他们对汇率和国内外通货膨胀率的预期选择最优的金融资产组合。任何这些因素的变化都会促使他们立即对其金融资产组合重新调整，以实现新的理想（均衡）的组合。比如，国内利率上升会导致人们增加对本国证券的需求，减少对国外证券的需求和对本国货币的需求；国外利率上升会导致人们增加对国外证券的需求，减少对本国证券的需求和对本国货币的需求。财富的增加会导致人们对本国货币和国内外证券需求的增加。根据资产平衡分析，只有每种金融资产的供求量相等，金融市场才算实现了均衡。由于投资者通常持有多样化和平衡的金融资产组合，这些金融资产组合的变化显然会直接影响一国国际收支的均衡，所以这一模型被称为资产平衡分析。

货币分析关于国内外金融资产具有完善的替代关系的假定显然有违现实，资产平衡分析从国内外金融资产间不完全的替代性入手，认为汇率是在一国全部金融资产的供给和需求的存量均衡过程中决定的。资产平衡分析还将贸易平衡引入模型，因而被认为比货币分析更符合现实，或者说是货币分析更令人满意的版本。一国货币供给增加导致的利率下跌会使国内金融资产向货币余额和国外金融资产转移，这种转移造成的本币贬值会刺激出口、遏制进口，导致贸易收支顺差，最终使货币升值，从而部分抵消了最初贬值的影响。尽管资产平衡分析明确地将贸易收支引入资产存量调节的动态过程，但它并没有提供一个商品市场和金融资产市场一体化的，兼顾长期、中期和短期的完整统一分析框架。[①]

（二）汇率动态学——"汇率过度调整模型"（overshooting model）

资产平衡分析认为，国际收支的调节是通过各种金融资产

---

① Salvatore（1995，P. 646-647）介绍了资产平衡分析简单的数学模型。

的存量变化实现的。由于证券组合中的金融资产存量是通过储蓄和投资等流量的长期累积形成的，因而其价值远远大于这些流量。不仅如此，利息和预期等因素的变化会直接影响持有各种金融资产的成本和收益，导致投资者对其金融资产组合进行迅速调整，以实现新的均衡。比如，国外利息的上升会促使投资者立即减少对国内货币和证券的持有，增加对国外证券的持有，其调节速度之快、数目之大，是由此引发的贸易流量变化所无法比拟的。由于价格短期刚性的存在和制度、经济结构诸等因素的影响，贸易流量的变动需要通过汇率贬值导致进出口变化，经过较长的"时滞"才能逐步实现。因此，金融资产的存量调节要比贸易流量调节更大、更快，这种金融资产存量调节与贸易流量调节在规模和速度方面的差异对汇率的动态变化过程及其对国际收支的影响具有重要的含义，它常常使短期汇率呈现迅速、巨大的波动，超越其长期均衡的目标。多恩布茨（Dornbusch, 1976）正是根据金融资产存量调节与贸易流量调节在规模和速度方面的差异提出了短期汇率波动超越其长期均衡水平的"汇率过度调整模型"。

假如一国货币供给增加导致的国内利率下降或国外利率上升在长期内会使汇率贬值 10% 以实现均衡，但短期内投资者会应对这种国内外利率的差额迅速、大量地购买国外金融资产以实现金融资产市场的短期均衡。这种金融资产短期存量调节的规模之大、速度之快会在外汇市场上产生巨大的冲击，使汇率贬值 16%，超越其长期均衡目标。然而，由于工资、价格短期刚性等原因，汇率贬值导致贸易流量改善则需要一个较长的过程。贬值导致的出口增加、进口减少在经过了较长的"时滞"后，会使汇率波动逆转——逐步升值 6%，通过实物部门的调整最终实现长期均衡。这种汇率波动的"超越目标模型"还可以用外汇市场的套期保值操作来解读。假定英国利率上升导致对英镑证券需求增加，由此触发的金融资产由美国向英国的大量、迅速转移会使美元现汇立即贬值，英镑现汇立即升值。为了消除未来英镑贬值的风险，投资者会在购买英镑现汇的同时抛售英镑远期外汇，导致英镑远期外汇"贴水"。远期外汇作为汇率变动的"无偏估计值"，其"贴水"意味着英镑趋于贬值，美元趋于升值。这种美元先贬值，然后逐步升值以实现长期均衡目标的动态过程，在外汇市场上具体表现为：美元汇率迅速、大幅度的贬值超越长期均衡目标，然后缓慢的部分升值，逐步消除"矫枉过正"部分。20 世纪 70年代实行浮动汇率制度以来外汇市场的频繁波动所呈现的这种模式：贬值→超越目标→缓慢的部分升值→回复长期均衡目标，印证了汇率波动的"超越目标模型"。图 5-5-1 展示了汇率超越目标调节的这种动态过程。

第五节 货币分析的历史意义与局限性

货币学派对国际收支理论最重要的贡献在于突出了国际收支失衡和调节过程中货币因素的作用，这是与传统的理论根本不同的。传统的国际收支理论集中于探讨国际收支结构中的实物变量，几乎忽视了货币因素的作用。国际收支理论、国际货

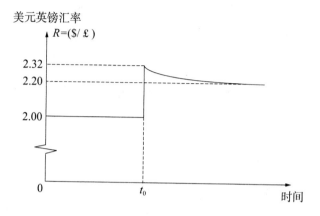

图 5-5-1　汇率过度调整模型

注：假定最初美元与英镑的长期均衡汇率为 $R = \$2/£1$。美国货币供给的 10%
持久性增加使得美元在时间 t_0 点立刻贬值 16% 到 $R = \$2.32/£1$。随着贸易收
支因贬值的逐步改善，美元会逐渐升值 6% 到其新的长期均衡水平 $R = \$2.2/£1$。参见 Salvatore(1995)。

币经济学研究的是国际经济交往中的货币面，本身就是一种国
际货币理论，强调货币因素的作用是题中应有之意。正因为如
此，货币主义似乎能够更为贴切地描述现实中一些重要的国际
经济现象，并对它们做出理论上的说明。比如，货币主义关于
经济增长与国际收支、利率与国际收支关系的两个革命性推
断，对 20 世纪 70 年代西德持续的国际收支顺差和马克的升
势，对美英两国的国际收支逆差和美元、英镑的跌势作了令人
信服的说明。货币主义关于过多的世界货币扩张会导致世界性
通货膨胀的观点，也符合 20 世纪 70 年代席卷全球的通货膨胀
螺旋式上升趋势。根据逆差是与过多的货币供给相联系的一种

货币现象这一原理，货币主义告诫各国货币当局，过多的货币供给会恶化本国的国际收支，也是很有见地的政策结论。

货币学派在其理论分析中也暴露了一系列的缺陷。货币主义在强调国际收支失衡和调节过程中货币因素作用的同时，忽视了实物因素的作用。他们断言，所有的国际收支失衡都起因于货币市场的不均衡，传统的国际收支政策只有在改变货币市场的供求关系时，才能有效地发挥作用。实际上，影响国际收支的因素是多方面的，既有货币因素，又有实物因素，如果逆差产生于实物因素，货币主义的政策药方未必有效。货币主义在强调长期均衡的同时，忽视了国际收支的短期和中期均衡，因而使其理论在很大程度上失去了实践意义。因为短期和中期均衡问题常常是各国政策当局更为关心和亟待解决的问题，现实中政策制定者难以有如此的耐性，坐等国际收支在长达 1 年到 10 年的时间自动恢复均衡，而置严重的短期失衡于不顾。

把货币需求视为收入的稳定函数是货币分析的重要理论前提。根据这一原理，收入增加会导致人们对货币余额需求增加——对商品和劳务支出减少，从而在货币的供求之间形成差额，导致国际收支失衡。但实际上对货币余额需求增加并不必然导致支出减少。蒋硕杰（Tsiang, 1969）认为，作为收入函数的货币需求首先是交易需求，交易需求的增加并不会导致支出减少，交易需求本身就意味着对商品和劳务的购买。因此，对货币交易需求的增加并不会吸引储备货币内流，导致国际收支顺差，对货币交易需求的减少也不会导致国际收支逆差。

货币分析的几个假定前提也是值得商榷的。货币分析假定货币当局不对外汇储备流动引起的货币供给变化实行封存政策，而是任其自由流动来调节国际收支，非储备货币国家的货币当局对其货币供给失去了控制。但现实中大量普遍的现象是，各国货币当局不断地进行公开市场操作，使国际储备变化对货币供给的影响中性化，以至于与超额货币供给相联系的逆差并不一定因国际储备的减少而得以纠正，常常是储备尽管下降了，但超额的货币供给仍然存在，逆差依然存在。货币学派假定的"单价法则"和"单利法则"也是不成立的。现实中国际商品市场和资本市场远未达到高度一体化的程度，不仅由于非贸易商品的存在，以及运输费、保险费诸因素的作用使"单价法则"难以成立，而且由于国际垄断组织的存在、贸易保护主义的盛行，以及许多国家严格的资本管制、外汇管制，很大程度上限制了这两个法则的适用范围。全球货币主义的主张只能是一种幻想。经验研究也没有对货币主义的理论做出令人满意的回答。普林斯顿大学的两名学者克莱宁和奥菲瑟（Kreinin and Officer, 1978）曾对货币学派的理论进行了经验验证。他们的统计结果表明，支持货币主义的数据与反对货币主义的数据几乎相等，绝大多数验证得不出结论性的结果，特别是关于全球货币主义的观点，他们没有得到任何支持性的经验证据。

第六章 从内外失衡到全球失衡
——全球视角分析

　　2008 年爆发的全球金融危机，愈演愈烈的中美、欧美之间的贸易摩擦和冲突，深刻地反映了主要经济体的内外经济失衡，如何日积月累最终演变成全球经济失衡。近年来，许多经济学家试图从储蓄、投资和消费的角度探讨主要经济体内外经济失衡与全球经济失衡的内在联系，[①] 以期为政策制定者提供药方，为主要发达国家和世界经济走出经济长期增长停滞寻求出路。

---

① 美联储前主席伯南克在 2005 年的一次演讲中，以《全球储蓄过剩与美国经常账户逆差》（Bernanke, 2005）为题，探讨了全球储蓄过剩与美国经常账户逆差之间的联系。他认为，造成全球储蓄过剩的原因除了部分发达国家人口老化导致储蓄增加，高资本劳动比率降低了资本边际收益导致投资机会减少外，最重要的原因是发展中国家，特别是新兴市场经济国家由于制度、金融体制不完善等因素造成的不确定性，减少了他们国内的投资机会。一方面，美国等发达国家 90 年代末发生的信息技术革命伴之于金融体制的相对稳定，为全球资本市场提供了较多的投资机会和较高的投资回报，另一方面，新兴市场经济国家出口导向的经济发展战略，特别是几次较大的金融危机促使这些国家的资本外流到美国等发达国家，这是造成美国经常账户持续逆差的主要原因。在 2015 年 3 月 30 日到 4 月 1 日的 4 篇博客中，伯南克将自己的全球储蓄过剩假设与长期增长停滞理论进行对比，与美国前财政部长萨默斯展开了一场轰动学术界的大讨论，从全球化的角度解读世界经 （转下页）

第一节　中美经济失衡的生成与运作机理

目前的全球经济失衡很大程度上表现为中美经济失衡：中国对美国的双边贸易出现了巨额顺差，需要金融账户的大量逆差来维持国际收支平衡。换一个角度说，美国与中国的贸易收支出现了巨额逆差，需要不断增加的金融账户顺差来维持。根据国际货币基金组织的统计数据，2015 年中国经常账户的顺差为 3041.64 亿美元，为全球最大的顺差国家，2017 年美国的经常账户逆差为 4662.46 亿美元，为全球最大的逆差国家。2017 美国与中国的双边贸易逆差为 3755.764 亿美元。[①] 表 6-1-1 和表 6-1-2 为近 12 年来中美两国总储蓄、总投资、经常账户和美国国债的相关数据。

（接上页）济，探讨全球储蓄和投资流动的宏观影响。他认为，意愿储蓄大于意愿投资导致了市场利率下行；全球范围内的储蓄过剩，尤其是中国以及其他发展中国家，还有包括沙特在内的产油国的储蓄过剩，造成了全球范围内的低利率。伯南克最后指出："总体来看，我认为全球储蓄过剩对现有格局的解释比长期增长停滞理论要稍微乐观。如果（1）中国继续降低对出口的依赖，转而增加国内需求；（2）新兴市场国家的外汇储备增速能够继续降低；（3）石油价格保持低位，那么我们就可以期待储蓄过剩现象的缓解，这些因素可以帮助储蓄总量回到危机前的水平"。参见 Ben S. Bernanke, "Why are interest rates so low, part 3: The Global Savings Glut". http://www.brookings.edu/blogs/ben-bernanke/posts/2015/04/01。

① http://www.census.gov/foreign-trade/balance/c5700.html.

表 6-1-1 近 12 年来中国总储蓄、总投资和经常账户数据

年份	2006	2007	2008	2009	2010	2011	2012	2013	2014	2015	2016	2017
总投资占 GDP 百分比	40.606	41.239	43.210	46.335	47.881	48.006	47.180	47.251	46.775	44.748	44.142	44.410
总储蓄占 GDP 百分比	48.963	51.128	52.344	51.084	51.802	49.815	49.693	48.790	49.015	47.457	45.892	45.840
经常账户（10 亿美元）	231.843	353.183	420.569	243.257	237.810	136.097	215.392	148.204	236.047	304.164	202.203	164.887
经常账户占 GDP 百分比	8.357	9.889	9.134	4.750	3.920	1.809	2.513	1.538	2.241	2.709	1.802	1.372

资料来源：IMF: World Economic Outlook Database, April 2018。

表6-1-2 近12年来美国总储蓄、总投资、国债和经常账户数据

年份	2006	2007	2008	2009	2010	2011	2012	2013	2014	2015	2016	2017
总投资占GDP百分比	23.333	22.351	20.786	17.513	18.394	18.545	19.351	19.762	20.145	20.428	19.689	19.775
总储蓄占GDP百分比	19.112	17.270	15.412	14.342	15.086	15.689	17.711	18.276	19.261	19.354	18.004	17.454
国债额（10亿美元）	8,879.517	9,356.570	10,851.084	12,541.305	14,316.023	15,512.758	16,726.412	17,592.696	18,311.896	19,080.139	19,959.114	20,900.081
国债占GDP百分比	64.085	64.628	73.724	86.979	95.667	99.967	103.535	105.399	105.074	105.295	107.166	107.785
经常账户（10亿美元）	-805.963	-711.036	-681.390	-372.522	-430.698	-444.590	-426.198	-349.543	-373.800	-434.597	-451.686	-466.246
经常账户占GDP百分比	-5.817	-4.911	-4.629	-2.584	-2.878	-2.865	-2.638	-2.094	-2.145	-2.398	-2.425	-2.404

资料来源：IMF: World Economic Outlook Database, April 2018。

由于历史、文化、制度诸因素的影响，特别是以美元为主要国际储备货币的国际货币体系的存在，长期以来，中美两国的储蓄、消费模式是：中国人在储蓄，美国人在消费。这种中国人用日益增加的储蓄来不断满足美国人狂欢式消费的储蓄消费模式，一方面造成了中国人用省吃俭用、出口拉动式的经济增长方式不情愿地累积了巨额的外汇储备。根据《中华人民共和国国民经济和社会发展统计公报》，2014 年中国的外汇储备达 38430 亿美元，[1]超过了第二大外汇储备国日本外汇储备的 3 倍（12605.48 亿美元）[2]。另一方面，美国滥用储备货币发行的特权，寅吃卯粮、债台高筑。截至 2018 年 8 月 9 日，美国已累计了 21.342 万亿美元的国债，相当于 2017 年美国 GDP 的 110%。[3] 也就是说，美国目前全年生产的全部最终产品和劳务还不够用来偿还美国政府的债务。截至 2018 年 5 月，美国的国债中外债达 6.2136 万亿美元，其中最大的两个债权国中国和日本分别持有 1.1831 和 1.0488 万亿美元的美国政府债券。[4] 这种双边贸易失衡导致美国债台高筑的形成机理和运作模式可以用一个简单的国民经济恒等式来解读。

封闭经济的总供给和总需求分别为：$Y = C + S + T$；$Y = C + I +$

---

[1] 近年来，随着我国经济结构调整，内需扩大和储蓄率的降低，2017 年我国的外汇储备降低到 31399 亿美元。

[2] http://www.mof.go.jp/english/international_policy/reference/official_reserve_assets/index.htm.

[3] http://www.treasurydirect.gov/NP/debt/current.

[4] MAJOR FOREIGN HOLDERS OF TREASURY SECURITIES (http://ticdata.treasury.gov/Publish/mfh.txt).

G。简单整理后得出国民经济恒等式：$S-I=G-T$。显而易见，封闭经济储蓄和投资的缺口只能靠政府部门税收和支出的缺口来弥补，政府部门超过税收的支出只能依赖于私人部门的省吃俭用来融资，别无其他选择。这就是著名的政府支出"挤出效应"：$G\uparrow \rightarrow C\downarrow$ 或 $I\downarrow$ 或者两者同时下降。开放经济无疑为私人部门和政府部门的过度消费或过度储蓄行为提供了更多的渠道，一国居民或政府的寅吃卯粮或省吃俭用行为可以通过其经济和贸易伙伴国家相反的行为得以融通。一国的国内经济失衡可以通过外部失衡得以维持，这种内外不均衡必然造成其经济和贸易伙伴国家的经济以相反的方向呈现失衡。

　　开放经济的总供给和总需求分别为：$Y=C+S+T+IM$；$Y=C+I+G+EX$。如果政府部门维持预算平衡，其国民经济恒等式为：$S-I=EX-IM$。显然，开放经济储蓄和投资的缺口可以通过进出口贸易的顺差和逆差得以融通，一国私人部门的过度储蓄或过度消费行为可以通过其贸易伙伴国家的过度消费或过度储蓄行为得以维持。如果私人部门呈均衡，政府的寅吃卯粮行为也可以通过更多的渠道得以融通。开放经济政府支出的"挤出效应"表现为：$G\uparrow \rightarrow C\downarrow$ 或 $I\downarrow$ 或 $EX\downarrow$ 或 $IM\uparrow$，或者它们之间升降的各种组合。也就是说，对一个开放经济而言，政府支出的增加不仅意味着可供私人部门消费和投资的商品和劳务的减少，而且意味着用来可供出口的商品和劳务的减少，因而一个开放经济既可以通过降低私人支出来维持预算赤字，也可以用减少出口、扩大进口的方式来为政府支出融资。如果国内私人部门的储蓄等于投资，政府预算赤字的结果必然

是贸易逆差，即著名的"孪生逆差"：$G-T=IM-EX$。根据扬
（Yang, 2012）的统计，20 世纪 90 年代后期，中国的国民储蓄
和投资基本上是同步增长，进入 21 世纪以来，总储蓄的增长
速度开始超过总投资。特别是 2004 年以后，总储蓄占 GDP 的
比率以每年额外 2 个百分点的速度连续 4 年递增，2008 年达
到 GDP 的 53.17%，而这期间总投资占 GDP 的比率则在 42%
到 44% 之间。总储蓄和总投资之间的这个巨大缺口，表现为
经常账户顺差同一时期相应的增加。表 6-1-1 显示，近 12 年
来中国的储蓄率与投资率之差与经常账户占 GDP 的百分比基
本吻合：$(S-I)/GDP=(EX-IM)/GDP \rightarrow S-I=EX-IM$。[①]

　　一个国家持续的贸易收支逆差，无论是私人部门还是政府
部门的过度支出所致，只能用发行外债的方式来维持，而顺差
国家只能通过持有逆差国家债务的方式维持顺差。因此，一个
国家经常账户的顺差必然意味着其金融账户的逆差，即该国净
国外金融资产持有的增加。从一定的意义上说，这种经常账户
顺差与金融账户逆差的组合是一种均衡状态，与其说美国的贸
易收支逆差意味着美国在商品和劳务等实物产品方面没有比较
优势，不如说美国在金融产品方面拥有比较优势。外国政府和
居民要想购买较高收益和较低风险的美国金融资产，唯一的渠
道是多出口、少进口，这样才能赚到足够的美元来购买他们喜
欢的美国金融产品。政府没有理由也无必要来干预这种世界经
济一体化形成的总体均衡格局，一体化世界经济的总体均衡恰

---

① 　只有 2009、2010、2013、2014、2016 和 2017 年有 0.02%—4.23% 左右的差
　　距，其余年份完全相等。

恰是由各种各样的局部不均衡构成的。美国若真想实现贸易收支平衡，只要降低其金融产品的竞争力和吸引力即可，因为一旦国外失去了对美国金融产品的兴趣，也就不再需要用扩大出口、减少进口的方式来赚多余的美元，美国的贸易收支也就自然而然地恢复均衡了。

　　然而，这种总体均衡、局部不均衡的格局具有内在的不稳定性。一旦逆差国家的债务超过警戒线，局部均衡就会难以维持，甚至出现主权债务危机，造成国际金融体系的动荡甚至触发全球性金融危机和经济衰退。美国之所以能够长期用资本内流的方式为其贸易收支逆差和政府预算赤字融资，无非是受益于美元的国际储备货币地位。美元的这种特权使得美国在短期内无需担忧也无必要违约债务，因为它可以继续用扩大发行美元的方式还本付息。"二战"后建立的美元-黄金本位制孕育着不可克服的内在矛盾：这种国际货币体系运转的前提是储备货币国家用持续的贸易收支逆差来满足全球贸易和经济增长对国际储备货币的需求，而储备货币国家持续的逆差会使非储备货币国家对储备货币的信心逐步丧失，最终导致布雷顿森林体系崩溃。这就是著名的"特里芬悖论"（Triffin Paradox, Triffin, 1960）。目前的美元债务危机已经导致全球对美元信心的逐步丧失，美国之所以可以继续用发新债换旧债的方式赖账，一方面是目前全球还没有足够可供选择的其他储备货币取代美元，更重要的是，几个大的债权国由于积累了巨额的美元债务，成了拴在一根绳上的蚂蚱，任何抛售美元债务的举措都会给它们自身的利益带来巨大的损失。作为最大的美元债权国，中国国家外汇管理局 2010 年 7 月曾公开声明，中国不会抛售美国政府债券，这无疑给美国政府吃了定心丸。[①]

第二节 中美经济失衡的困境与出路

（一）逆差国——美国的困境与出路

1. 美国贸易收支逆差的困境与中美贸易、汇率问题政治化趋势

国际货币基金组织首席经济学家莫里斯·奥伯斯法尔德（Obstfeld, 2012）在《美国经济评论》2012 年 5 月特刊中，以首篇文章发表了"经常账户仍然重要吗？"一文，强调全球化进程中各国在商品和金融市场上的摩擦既反映了政策协调的重要性，又暴露了各国抵御内外震荡的脆弱性。特朗普入主白宫后愈演愈烈的中美贸易冲突表明，现行的美国政治体制使得美国的政客们不仅没有真正解决问题的意愿，反而变本加厉地将中美经济、贸易摩擦政治化，为大选捞取筹码。市场经济的基本前提是，生产什么、如何生产、谁来消费这三大基本问题是通过价格信号由消费者和厂商决定。受利益集团的驱使，政客为拉选票，煽动选民购买质次价高的国货，胁迫厂商用高成本低效益的方式生产，这些违背需求定律和供给定律的拙劣伎俩和贸易保护主义的措施会招致强国外的强烈反响和报复，最终

---

① "China Won't Dump US Treasuries or Pile into Gold," *China Daily eclips*, July 7, 2010 (http://www.cdeclips.com/en/business/fullstory.html?id=47499#).

将会给本国的出口部门和就业带来巨大的损失。贸易保护主义最大的受害人是美国的消费者。据美国达拉斯联储的统计数字，美国在苯型化工品业、皮箱行李业和软木业，平均为保护一个工作机会每年的成本超过了 1 亿美元，而服装和纺织业年保护成本总额达 336 亿美元。(Federal Reserve Bank of Dallas, 2002, P19)

美国减少贸易赤字的另一个手段是通过"量化宽松"等扩大发行美元的办法使美元贬值。布雷顿森林体系崩溃后，中国等许多发展中国家实行的是盯住美元等国际储备货币的汇率制度，所以这种办法对中国难以奏效。均衡的汇率理论认为，决定两国长期汇率水平的是两国货币购买力之比，或者说是它们的倒数——价格水平（绝对的购买力平价）之比，或通货膨胀率之比（相对的购买力平价）。非贸易商品和劳务的存在以及交易成本、特别是各国实行的贸易保护政策使得购买力平价理论难以通过经验验证，汇率在短期内更取决于不同国家间的利率差额（利息平价理论）和国际政治、心理预期等许多不确定的因素。长期以来，关于人民币汇率问题的讨论大都围绕着人民币的均衡汇率水平展开。主张人民币升值的通常认为中国的物价水平太低，美国的物价水平太高，因而人民币被低估。事实上，除劳动力、劳动密集型和非贸易商品和劳务外，目前美国的绝大多数商品都比中国便宜（宋小川，2014a）。美国人经常指责中国倾销，所谓倾销就是指同样的商品在美国市场上的价格低于中国市场上的价格。绝大多数经济学家都不认为美元贬值或人民币升值会解决中美的贸易逆差问题。1994 年到 2005 年间，当人民币与美元的汇率维持在 1：
8.28 时，中国的贸易顺差占 GDP 的比重绝大多数年份低于
2%。尔后几年人民币升值了 30% 以上，2007 年我国经常账户
顺差仍然占 GDP 的 9.889%。

2. 美国财政政策及国债的不可持续性及出路

目前美国的 21 万亿多美元国债还不包括美国政府在其他
许多方面应付款项的法律责任。如果把那些被排除的项目考虑
在内，特别是美国政府在退休医疗保险、医疗补助和社安保险
（Medicare，Medicaid and Social Security）等项目所欠的按法律
必须支付的基金考虑在内，2009 年美国政府的债务已接近 62
万亿美元（Peterson，2010，P. 31）。由于美国人口结构的变
化，特别是人均寿命的增加，未来美国政府在退休医疗保险、
医疗补助和社安保险等项目支出的增加要远远超过 GDP 的增
长速度。许多美国政府部门的模拟和预测结果显示，未来 75
年内美国政府在以上诸项目方面的预算支出现值将超过这些项
目的税收现值 40 万亿美元。根据美国总审计局的模拟和预
测，按此趋势，美国国债占 GDP 的比率到 2040 年会翻一
番，2060 年再翻一番，2080 年将会达到 GDP 的 600%。[①] 多年
来，美国两党政客、国会与联邦政府之间围绕"债务上限"
（debt ceiling）立法展开了一系列戏剧性的争斗，酿成了一波
又一波的"债务上限危机"。联邦政府几次用"关闭"（shut-

---

① "The Nation's Long-Term Fiscal Outlook: September 2008 Update," Gao. gov. No-
vember 6, 2008 (http://www. gao. gov/products/GAO-09-94R).

down）和欲"关闭"政府部门来要挟国会。① 近 15 年来美国国债的最高限额已提高了 15 次，其中奥巴马主政后就提高了 8 次。2015 年 10 月 30 日，当美国财政部长雅各布·卢警告国会，如果不把债务上限提高到 18.1 万亿美元，美国政府 2015 年 11 月 3 日就会面临违约时，两党最终达成妥协，将联邦政府借钱的权力延期到 2017 年 3 月。由于这一协议是由"坡脚鸭"总统奥巴马和"坡脚鸭"众议院议长博纳为捐客达成，美国保守政治集团的头目称它为"僵尸预算交易"（zombie budget deal）。② 不断重演的"政府关门"讹诈闹剧显示，③ 美国国会对"债务上限"已经失去了约束力，成了事后的"橡皮图章"。

日益增加的债务势必对美元产生巨大的贬值压力，用日趋贬值的货币偿还债务必然导致债权人要求高利息为代价。巨额的利息负担对美国经济增长构成了严重的威胁。深陷债务泥潭的美国朝野上下深知问题的严重性，但是，囿于美国现行的政治体制，特别是在大选之年，两党政客除了相互攻讦和一致对

---

① 美国"茶党"2013 年 10 月曾挟持众议院议长博纳就债务上限与政府摊牌，导演了政府"关门"16 天的闹剧，最终以共和党激怒了许多选民不得不妥协退让而收场。2015 年底博纳再也不堪忍受在新的债务上限危机夹缝中受煎熬，提前宣布辞职，美国众议院一度陷入"群龙无首"而又无人竞选的混乱局面。最后，2012 年共和党副总统竞选人保罗·瑞安以"茶党"必须承诺在预算等问题上妥协为条件，登上了众议院议长的宝座。

② http://www.bloombergview.com/quicktake/the-debt-ceiling.

③ 2018 年 1 月 20 日，两党政客因在"推迟非法移民子女遣返法案"（DACA）的延期和是否由联邦拨款在美国和墨西哥边境筑墙等方面的纠纷，又一次上演了政府关门 3 天的闹剧。

外谴责中国外，找不到任何解决问题的具体办法。解决寅吃卯粮的根本出路是开源节流。增加税收在大选之年无异于政治自杀，特朗普内阁目前标志性的经济政策不是增税，而是实行自里根政府以来最大规模的为富人减税。进一步削减支出在美国几乎到了山穷水尽的地步。美国地方政府近年来大刀阔斧地削减教育支出，警察和消防等方面的支出，特别是在基础设施方面的支出。一些地方政府因无钱维持监狱不得不将犯人提前释放，许多州正在考虑将中小学由每周上课5天改为4天。美国联邦政府的预算中除退休医疗保险、医疗补助和社安保险外，第二大支出项目是国防预算，2016年美国的国防预算占全部预算的21%。无论哪个党执政，穷兵黩武式的冷战思维方式和继续称霸世界的狂妄心态，特别是此起彼伏的国际恐怖主义袭击活动也使得美国的国防预算不会减少。这种捉襟见肘的窘境使得美国政府只能继续靠发新债还旧债的滚雪球办法度日。美国总审计局的报告尖锐地指出，美国的财政已步入了一条"不可持续"的路径，美国的政治家和全体选民们长期以来无意更改这一路径。①

---

① "The Federal Government's Financial Health: A Citizen's Guide to the 2008 Financial Report of the United States Government," pp. 7-8, United States Government Accountability Office (GAO). 宋小川（2011）在公共选择理论基础上，从投票规则设计与公民选择、"中位数偏好"与"阿罗不可能定理"、选民偏好强度与投票结果质量、选举策略与选票交易、"代议制民主"的弊端五个层面，分析了西方民主模式的理论基础和制度安排不可克服的内在缺陷。

（二）顺差国——中国的对策和出路

两国之间出现了较大的国际收支不平衡，究竟应该由顺差国家来调节还是逆差国家来调节，这个问题自国际货币基金组织成立以来，就一直是个悬而未决的问题（勃兰尼、宋小川，1987）。美国政客迫于目前国内的政治压力，一意孤行地奉行以邻为壑的保护主义政策，我们是无法指望美国会采取任何负责任的调节政策，只能争取主动，采取我们的对策。简单地用减少出口、扩大进口的办法，等于头痛医头、脚痛医脚，并非上策。特别是用鼓励居民出国旅游、购买奢侈品的办法来扩大商品和劳务的进口，不仅不利于经济增长，还会滋生贪污和腐败现象。既然造成中美两国贸易逆差的根本原因是中国人储蓄，美国人消费，那么，减少中国过度储蓄的关键是扩大内需，缩小储蓄和投资的缺口，即通过减少 $S-I$ 来减少 $EX-IM$，通过实现国内均衡来逐步减少外部不均衡。前里根总统经济顾问委员会主席，哈佛大学经济学教授马丁·费尔德斯坦（Martin Feldstein）认为："如果中国能够将其国民储蓄率由目前的45%降低到40%，而又不使投资相应地减低，中国的经常账户就会由顺差变为平衡，甚至出现较小的逆差"。[1]具体地说，我们可以采取如下几种对策。

---

[1]　Jeffrey Sparshott, "U. S. -China Current Account Imbalance Could Disappear," Wall Street Journal, December 28, 2010.

1. 建立和健全社会保障制度和医疗保健体制，减少教育不公平现象

中国居民储蓄倾向过高的原因，除历史、文化、传统习惯等因素外，最重要的是缺乏完善的社会保障制度和医疗保健体制，特别是公平的教育制度。绝大多数居民存钱的原因是担心退休后无钱养老，生病后无钱就医，特别是子女无钱读书。我国居民的绝大部分储蓄都是基于这几个方面的动机。我国的公共教育支出占 GDP 的比率不到4%，远远低于发展中国家的平均水平，许多家庭不得不将收入的1/3甚至一半用作子女将来读大学或出国留学的储蓄。改革开放无疑取得了令人瞩目的巨大成就，但在打破大锅饭的同时，未能建立一套完善的、适合国情的社会保障制度。解决这些方面的问题迫在眉睫，它不仅仅是减少居民过度储蓄、扩大内需的关键，而且关系到巩固改革开放的成就，维护社会稳定的大局。

2. 缩小贫富差距和实行房地产税制改革

日益扩大的贫富差距已经成为中国经济增长和社会进步的障碍，不仅影响社会稳定，而且是造成我国储蓄过度、遏制内需的直接原因。经济学的简单原理告诉我们，穷人的边际消费倾向远大于富人的边际消费倾向，收入和财富由富人向穷人的转移会直接扩大内需，减少过度储蓄。我们应当学习发达国家在财产税、遗产税和房地产税等方面的经验，建立和健全更为合理、成熟可行的税收体制和收入分配体制，以有效地扩大内需，促进社会的和谐和稳定。我国中心城市特别是一线大都市内需不足的另一个原因是房地产价格居高不下，为了购房，居

民们不得不勒紧腰带，节衣缩食。实行房地产税制改革，建设
公租房等有利于居民腾出资金用于其他方面的消费。美国哥伦
比亚大学的魏尚进教授认为，我国的独生子女政策造成的男女
比例失调也是构成我国高储蓄率的原因（Wei, Shangjin and Xi-
aobo Zhang, 2011）。2015年全面放开的"二孩"政策可望减轻
我国居民的储蓄压力。

3. 调整经济结构、扩大基础设施建设投资和人力资本投资

进一步扩大内需，调节内外失衡的另一对策是增加我国在
基础设施、教育和科研方面的投资，这也是中华民族走向繁荣
昌盛的百年大计、千年大计。鉴于科技革命和全球化造成的全
球经济周期的同期性，应该有全球性反周期的"超越凯恩斯
主义"措施，即全世界用积极的财政政策，投资于能消除增
长瓶颈、短期能够创造就业、中长期能够提高增长潜力和竞争
力的交通基础设施、环境等方面，以增加需求。中国可扮演双
重角色：一方面国内还需要大量基础设施投资；另一方面可以
支持其他发展中国家的基础设施投资。这些方面的投资显然会
直接减少对向美国出口的依赖和减少对美元债务的持有。2015
年我国主导创立的亚洲基础设施投资银行，无疑为具有伟大历
史意义的创举。教育、科研和人力资本投资不仅可以直接扩大
内需，更是在未来以人工智能为核心的科技革命和全球化浪潮
的激烈竞争中，一国生死存亡的关键所在。

4. 改善金融体制和竞争机制，扩大对中小企业贷款和消
费信贷

我国的几大国有银行应逐步将贷款中心由大型国有企业转

向中小私人企业。这不仅是因为大型国有企业的储蓄倾向高于中小企业，这种转移有利于降低企业储蓄率，而且由于中小私人企业大都是劳动密集型，这种转移还会创造更多的就业机会。根据费里和刘（Ferri and Liu, 2010）的分析和计算，2001年到 2005 年间，我国国有企业贷款的平均利率为 2.2%—2.9%，而私人企业贷款的平均利率为 3.8%—13.4%。尽管同期国有企业对 GDP 的贡献只有 25%，但它们却获得了全部银行贷款的 65%。建立和健全消费信贷体制，向居民提供房地产抵押贷款，教育贷款和其他耐用消费品贷款显然是直接降低国民储蓄率，扩大内需的有效手段。近年来我国的总消费占 GDP 的比重只有 47% 到 50%，是主要经济体中最低的，这方面的潜力很大。"当运转不良的中国金融体系未能将日益增加的储蓄引导到高收益的生产投资或消费贷款时，过度的储蓄终将以巨额外汇储备的方式投资到低收益的海外政府债券"（Yang, 2012）。

第三节　国际收支全球视角分析的现实意义

国际收支失衡的全球视角分析，是传统的国际收支理论在 21 世纪信息技术革命和全球化浪潮背景下的延伸、运用和发展。传统的凯恩斯主义收入分析和吸收分析，也是从一国的收入和支出、储蓄、投资和消费的关系出发探讨国际收支失衡的原因。他们还进一步分析了国际收支失衡的国外反响，阐述了世界各国经济相互依存、相互制约的关系，并在此基础上提出了一系列协调国际经济政策的理论和政策主张。货币主义的国际收支理论则从国际经济交往的货币面——货币的供给和需求失衡入手研究国际收支失衡问题。货币市场的失衡无非反映了国内外商品和劳务市场上总收入和总支出的失衡，一国储蓄、投资和消费等宏观经济变量关系的失调。货币学派还从全球货币供给和需求失衡的角度研究世界性通货膨胀问题，这些都为国际收支的全球视角分析奠定了基础。

在信息技术革命日新月异，全球化浪潮势不可当的今天，国际资本移动的规模越来越大，方式越来越复杂，变化越来越灵活，作用越来越重要，已成为一股独立的巨大力量，左右着世界经济的走势。旷日持久的经济增长停滞挑战经济学家从更广阔的视野、更深的层次，研究主要经济体的储蓄、投资和消费等变量如何通过贸易，特别是国际资本移动的渠道，错综复杂地相互作用，引发主要经济体的内外失衡和全球经济失衡。信息技术革命中涌现的大数据、云端计算使得全球经济、贸易、金融市场更为一体化，金融杠杆的作用倍增。受"热钱"内流和"资本外逃"影响的国家，不仅要承受汇率升值和贬值的压力，还要承受房地产市场泡沫等流动性过剩或不足所产生的压力。美国次贷危机前资本内流对房地产泡沫的推波助澜作用，多年来国际"热钱"投机人民币升值对中国房地产市场形成的压力和近期"资本外逃"对人民币贬值预期的压力都证明了这一点。在这一背景下，国际收支的全球视角分析，从储蓄、投资和消费等宏观经济变量与国际收支的关系着眼，探讨主要经济体内外经济失衡与全球经济失衡的内在联系，这无疑是国际收支理论顺应历史潮流的可喜进展。

第七章　结　　语

　　国际收支理论是适应不同的社会历史条件和政策需要产生的，关于如何调节国际收支，实现内外均衡的经济政策理论。伴随着资本主义生产方式的产生、发展和演变，主要资本主义国家几百年的经济政策史是以放任—干预—再放任—再干预这一循环轮回为鲜明特征的（宋小川，2014b）。与此相适应，国际收支理论伴随着各种经济学思潮，也经历了由自动调节机制到政策干预—自由派到保守派的两大循环。通常，在资本主义世界爆发金融和经济危机时，祈求政府干预调节内外均衡的聒噪声不绝于耳，积极干预的财政、货币政策和汇率政策纷纷出笼，保护主义的声浪甚嚣尘上，各种标签的凯恩斯主义经济学沉渣泛起。一旦国际经济、金融秩序恢复良好运转，自由贸易的呼声就会浮出水面，减少政府对国际贸易和资本流动干预的措施卷土重来，形形色色的自由主义、新自由主义经济学就会死灰复燃。刚刚遭受了全球金融危机洗劫的世界经济，短期内势必会强调如何恢复主要经济体的内外均衡和缓解全球经济失衡。然而，只要就业、物价稳定和经济增长仍为各国对内均衡目标，它们就不可避免地会与国际收支均衡目标发生冲突，各种治标不治本的政策搭配、组合就会不断地花样翻新，新瓶装旧酒式的国际收支理论就会应运而生。

信息技术革命和全球化的进一步深入发展，世界经济、政治和军事格局的急剧变化和动荡，使得国际资本移动、国际贸易、汇率、利率和各种金融衍生品之间的关系更加错综复杂、扑朔迷离。随着新崛起经济体的日益强大，国际因素将会通过各种渠道越来越深刻地影响着各国的物价稳定、就业和经济增长等政策目标。不管愿不愿意，未来世界各国政府在决策时不得不更多地考虑充满变数的国际环境和其政策的国外反响。然而，导致主要经济体内外失衡和全球失衡的根本原因是建立在美元霸权基础上的旧的、不平等的国际经济和政治秩序，以及隐藏在这种不平等秩序背后的各国基本经济和政治利益冲突。任何不触及这一不公正的国际经济和政治秩序的理论主张和政策措施都只能是治标不治本，任何企图延缓和推迟全球失衡的手段和措施都只会孕育着更大的失衡，只有彻底改变不合理、不公正的国际经济和政治秩序，世界经济的发展和繁荣才有宽广的出路。现存的国际经济秩序是建立在经济、政治和军事实力基础上的，改变这一秩序要以经济、政治和军事实力对比的重大变化为后盾。实现中华民族复兴的大业，任重而道远。

主要参考文献

勃兰尼、宋小川，1987：《国际货币基金组织与发展中国家》，《世界经济》第 7 期。

凯恩斯，1983：《就业、利息和货币通论》，商务印书馆。

雷，约翰，1983：《亚当·斯密传》，商务印书馆。

林钟雄，1979：《西洋经济思想史》，台湾三民书局印行。

马克思，1976：《政治经济学批判》，人民出版社。

孟，托马斯，1983：《英国得自对外贸易的财富》，商务印书馆。

宋小川，1985：《国际凯恩斯主义述评》，《辽宁大学学报》第 6 期。

宋小川，1986：《国际收支调节理论中的弹性说述评》，《世界经济》第 5 期。

宋小川，1988：《评国际货币主义》，《经济学动态》第 9 期。

宋小川，2011：《西方民主理论的缺陷与实践中的误导》，《中国社会科学内部文稿》第 2 期。

宋小川，2012：《中美经济失衡的内在机理与出路》，《经济学动态》第 12 期。

宋小川，2014a：《吉芬产品何其多》，《经济学家茶座》第 63 期。

宋小川，2014b：《美联储货币政策百年历程》，《经济学动态》第 4 期。

休谟，大卫，2009：《休谟经济论文选》，商务印书馆。

Adler, J. 1945. "United States Import Demand during the Interwar Period."*American Economic Review* 35: 418-430.

Alexander, S. 1952. "Effects of a Devaluation on a Trade Balance." *IMF Staff Papers* 2 (2): 263-278.

Alexander, S. 1959. "Effects of a Devaluation: A Simplified Synthesis of Elasticities and Absorption Approaches." *American Economic Review* 49: 22-42.

Bernanke, B. 2005. "The Global Saving Glut and the U. S. Current Account Deficit." Speech at the Sandridge Lecture, Virginia Association of Economists. Richmond, Virginia.

Bickerdike, C. 1920. "The Instability of Foreign Exchange." *Economic Journal* 30 (117): 118-122.

Brown, A. 1942 "Trade Balances and Exchange Stability." *Oxford Economic Papers* 6 (1): 57-76.

Cassel, G. 1928. *Post-War Monetary Stabilization.* New York: Columbia University Press.

Chang, T. C. 1945 "International Comparison of Demand for Imports." *Review of Economic Studies* 13 (2): 53-67.

Chang, T. C. 1948. "A Statistical Note on World Demand for Exports." *Review of Economics and Statistics* 30 (2): 106-116.

Dornbusch, R. 1973. "Devaluation, Money and Nontraded Goods."
American Economic Review 63 (5): 871–880.

Dornbusch, R. 1976. "Expectations and Exchange Rate Dynamics." *Journal of Political Economy* 84 (6): 1161–1176.

Farhi, E., and X. Gabaix. 2016. "Rare Disasters and Exchange Rates." *Quarterly Journal of Economics* 131 (1): 1–52.

Federal Reserve Bank of Dallas, *Annual Report* 2002, P. 19.

Ferri, G., and L. Liu. 2010. "Honor Thy Creditors Beforan Thy Shareholders: Are the Profits of Chinese State-Owned Enterprises Real?" *Asian Economic Papers* 9 (3): 50 –71.

Fleming, M. 1962. "Domestic Financial Policies under Fixed and Floating Exchange Rates." *IMF Staff Papers* 9: 369–379.

Frenkel, J. and H. Johnson. 1976. *The Monetary Approach to the Balance of Payments*. Toronto & Buffalo: George Allen & Unwin Ltd.

Friedman, M. 1953. *Essays in Positive Economics*. Chicago: University of Chicago Press.

Graham, F. 1923. "The Theory of International Values Re-examined." *Quarterly Journal of Economics* 38 (1): 54–86.

Graham, F. 1932. "The Theory of International Values." *Quarterly Journal of Economics* 46 (4): 581–616.

Hansen, A. 1953. *A Guide to Keynes*. New York: McGraw Hill Book Company.

Harberger, A. 1953. "A Structural Approach to the Problem of Import Demand. " *American Economic Review* 43: 148–159.

Harberger, A. 1957. "Some Evidence on the International Price Mechanism. " *Journal of Political Economy* 65 (6): 506–521.

Harris, S. 1947. *The New Economics: Keynes' Influence on Theory and Public Policy.* New York: Alfred A. Knopf.

Harrod, R. 1939. *International Economics.* New York & London: Pitman Publishing C.

Heien, D. 1968. "Structural Stability and the Estimation of International Import Price Elasticities. " *kyklos* 21: 695–712.

Heller, H. 1974. *International Monetary Economics.* Englewood Cliffs: Prentice-Hall.

Hicks, J. 1937. "Mr. Keynes and the ' Classics' , A Suggested Interpretation. " *Econometrica* 5: 147–159.

Hinshaw, R. 1945. "American Prosperity and the British Balance of Payments Problem. " *Review of Economics and Statistics* 27: 1–9.

Hinshaw, R. 1951. "Currency Appreciation as an Anti-Inflationary Device. " *Quarterly Journal of Economics* 65 (4): 447–462.

Hirschman, A. 1949. "Devaluation and the Trade Balance: A Note. " *Review of Economics and Statistics* 31 (1): 50–53.

Imbs, J. , and I. Mejean. 2015. "Elasticity Optimism. " *American Economic Journal: Macroeconomics* 7 (3): 43–83.

Johnson, H. 1972. "The Monetary Approach to the Balance of Payments Theory. " *Journal of Financial and Quantitative Analysis: Papers and Proceedings*: 1555–1572.

Junz, H. , and R. Rhomberg. 1973 "Price Competitiveness in Export Trade among Industrial Countries. " *American Economic Review* 63 (2): 412-418.

Kahn, R. 1931. "The Relation of Home Investment to Unemployment. " *Economic Journal* 41 (162): 173-198.

Kindleberger C. , "The 1977 Nobel Prize in Economics, " *Science*, 1977, 198 (4319): 813-860.

Kreinin, M. , and L. Officer. 1978. *The Monetary Approach to the Balance of Payments: A Survey*. N. J. : Princeton University Press.

Krueger, A. 1969. "Balance of Payments Theory. " *Journal of Economic Literature* 7: 1-26.

Leliche, J. 1982. *International Economics Policies and Their Theoretical Foundations*. New York & London: Elsevier Inc.

Lerner, A. 1946. *The Economics of Control*. New York: The Macmillan Company.

Lindert, P. , and C. Kindleberger. 1982. *International Economics*. Homewood, IL: Richard D. Irwin.

Loveday, A. 1944. *International Currency Experience: Lessons of the Inter-War Period*. New York: Columbia University Press.

MacDougall, G. 1952. "British and American Exports: A Study Suggested by the Theory of Comparative Costs. Part II. " *Economic Journal* 62 (247): 487-521.

Machlup, F. 1943. *International Trade and the National Income*

Multiplier. Philadelphia: the Blakiston Company.

Machlup, F. 1950. "Elasticity Pessimism in International Trade." *Economia Internazionale*.

Machlup, F. 1955. "Relative Prices and Aggregate Spending in the Analysis of Devaluation." *American Economic Review* 45 (3): 255–278.

Machlup, F. 1956. "The Terms of Trade Effects of Devaluation upon Real Income and the Balance of Trade." *Kyklos* 9 (4): 418–452.

Machlup, F. 1976. *International Payments, Debts and Gold*. New York: New York University Press.

Magee, S. 1975. "Prices, Incomes and Foreign Trade." In *International Trade and Finance: Frontiers for Research*, edited by P. Kenen, 175–252. Cambridge: Cambridge University Press.

Marshall, A. 1923. *Money, Credit and Commerce*. London: Macmillan & Co. Ltd.

Meade, J. 1951. *The Theory of International Economic Policy, vol. 1, the Balance of Payments*. London: Oxford University Press.

Metzler, L. 1948. "The Theory of International Trade." In *a Survey of Contemporary Economics*, edited by H. S. Ellis. Philadelphia: the Blakiston Company.

Michael, M. 1962. "Concentration in International Trade." In *Contributions to Economic Analysis* 28. Amsterdam: North-Holland Publishing Company.

Mundell, R. 1962. "The Appropriate Use of Monetary and Fiscal

Policy for Internal and External Stability." *IMF Staff Papers* 9 (1): 70–79.

Mundell, R. 1968. *International Economics*. New York: Macmillan.

Mundell, R. 1971. *Monetary Theory: Inflation, Interest and Growth in the World Economy*. Pacific Palisades: Goodyear Publishing Co.

Obstfeld, M. 2012. "Does the Current Account Still Matter?" *American Economic Review* 102 (3): 1–23.

Orcutt, G. 1950. "Measurement of Price Elasticities in International Trade." *Review of Economics and Statistics* 32 (2): 117–132.

Peter G. Peterson Foundation (April 2010), "A Citizen's Guide 2010", Figure 10, P. 31.

Robinson, J. 1966. *Economics: An Awkward Corner*. London: Allen & Unwin.

Robinson, J. 1973. *Collected Economic Papers*, Vol. 4. Oxford: Basil Blackwell.

Salvatore, D. 1995. *International Economics*. Englewood Cliffs: Prentice Hall.

Stern, R. 1973. *The Balance of Payments: Theory and Economic Policy*. Chicago: Aldine Publishing Company.

T. C. Schelling, "Book Reviews," *American Ecomomic Review*, 1956, 46(4): 714.

Tinbergen, J. 1946. "Some Measurements of Elasticities of Substitution." *Review of Economics and Statistics* 28 (3): 109–116.

Tinbergen, J. 1952. *On the Theory of Economic Policy.* Amsterdam: North Holland Publishing Company.

Triffin, R. 1960. *Gold and the Dollar Crisis.* New Haven: Yale University Press.

Tsiang, S. 1961. "The Role of Money in Trade Balance Stability: Synthesis of the Elasticity and Absorption Approaches. " *American Economic Review* 51 (5): 912−936.

Tsiang, S. 1969. "The Precautionary Demand for Money: An Inventory Theoretical Approach. " *Journal of Political Economy* 77 (1): 99−117.

Wei, S. , and X. Zhang. 2011. "The Competitive Saving Motive: Evidence from Rising Sex Ratios and Savings Rates in China. " *Journal of Political Economy* 119 (3): 511−564.

Wrightsman, D. 1970. "IS, LM, and External Equilibrium: A Graphical Analysis. " *American Economic Review* 60 (1): 203−208.

Yang, D. 2012. "Aggregate Savings and External Imbalances in China. " *Journal of Economic Perspectives* 26 (4): 125−146.